転んでも海外！

心から満足して帰国するための旅極意60

吉田友和

幻冬舎

〝空の旅は貴重な自由時間〟

フロリダ［アメリカ］

〝自分なりの「いい宿」の基準〟

プーケット［タイ］

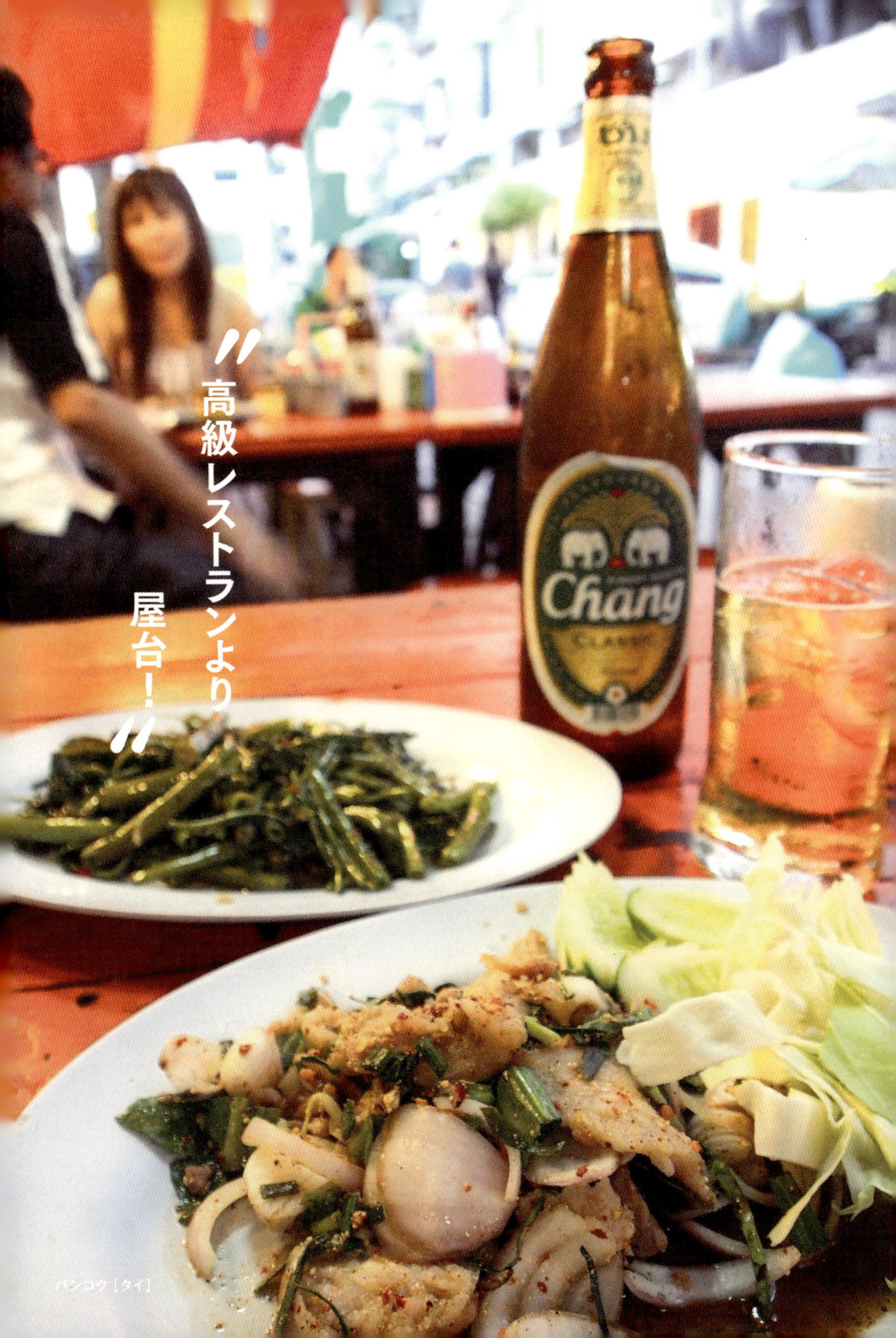
〃高級レストランより
屋台！〃
Chang
CLASSIC
バンコク［タイ］

〃ささやかな
大発見〃

ホーチミンシティ［ベトナム］

"雨が降ったら
あきらめる"

サンクトペテルブルク［ロシア］

“英語ができなくても大丈夫”

ファルマス［ジャマイカ］

ファルマス［ジャマイカ］

〃終わりよければすべてよし〃

もくじ

はじめに　転んでも海外へ！……14

第一章
「空の旅」といかに上手に付き合うか……21

01 飛行機に乗り遅れないために……22
02 空港へ辿り着くまでも旅……26
03 「羽田から海外！」は結局どうなのか……29
04 見習うべきは中部空港？……31
05 エコノミークラスの勝ち組座席……36
06 深夜便をどう快適に切り抜けるか……39
07 食いしん坊的機内食の作法……42
08 美食国家の空ご飯にもの申す……45
09 機内食からお国柄が見えてくる……50
10 暇つぶしではなく貴重な自由時間……54
11 機内誌ありきで旅を計画する……57
12 イミグレに並びたくないのです……60
13 恐るべしロストバゲージ……64

第二章 どんな「宿」に泊まるかが旅を左右する

どんな「宿」に泊まるかが旅を左右する……67
14 自分なりの「いい宿」の基準……68
15 安さだけでなく内容と見比べる……73
16 バウチャーは紙に印刷しないと駄目なのか……75
17 メール予約で出発前から現地交流……77
18 優先すべきはその国ならではのホテル……80
19 新規オープンのホテルにご用心……84
20 定宿は居心地の良さと腐れ縁で……90
21 いかに清々しくチェックアウトできるか……93

第三章 異国の地だからこそ味わえる「食事」の喜び

異国の地だからこそ味わえる「食事」の喜び……97
22 高級レストランより屋台派の旅人……98
23 言葉の壁を乗り越えられる食事……102
24 食のタブーは犯すべからず……105
25 テーブルチェックは嫌なんです……117
26 朝食こそローカルめしなのだ……120
27 一人旅でも怯まず果敢に頼む……125
28 日本の味が恋しくなったら……127
29 駆け込み寺は「バーガーキング」……132

第四章
見たい、知りたい。ならば「観光」
137

30 観光意欲は低くてもいいのだ 138
31 予定はあくまでも予定とする 140
32 重視すべきは効率よりも本能 142
33 記念写真の撮り方は中国人に学べ 144
34 地下鉄へ乗るだけで観光気分 147
35 歩きがいのある街を探せ 150
36 自転車&バイクで目線を変える 154
37 異文化を知る前に日本を知るべし? 160
38 時差ボケに翻弄されないために 164
39 現地の曜日感覚を身につける 166
40 雨が降ったら潔く諦める 169
41 現地の人向け行楽地が面白い 173
42 「旅先で髪を切る」という観光 176
43 外国だろうが口は災いの元 178
44 英語力よりもコミュニケーション力 181

第五章
優れた「持ち物」が快適さを演出する
187

45 サンダルよりも靴を履くのだ 188
46 忘れたらどこまで現地調達できるか 191
47 近視者に手強いアフリカの旅 194
48 軽量化を図りフットワークを軽くする 196
49 洗濯は旅人の日課の一つ? 201

第六章
現実的だけれど大事な「お金」の話……227

第七章
無事に「帰宅」するまでが旅なのだ……253

50 名付けて「着たら捨てる作戦」……214
51 書い足しなのか買い換えなのか……217
52 デジタル頼みの泣き所とは……221

53 どっちもどっち？ 貧乏自慢VS金持ち自慢……228
54 ボラれたっていいではないか……231
55 備えあれど生じる予期せぬ出費……235
56 ああチップ、たかがチップ、されどチップ……239
57 「ルピーモード」にどう挑むか……243
58 余ってもあえて再両替しないという選択……247

59 終わり良ければすべて良し……254
60 おわりに〜人の旅見て我が旅直さず……269

はじめに
転んでも海外へ！

初《しょ》っ端《ぱな》から帰国時の話をするのもなんだかなあという気がしつつも、まずは僕がいかにマヌケな旅人であるかを端的に表す、こんなエピソードから始めたい。

あれは、ハワイからの帰りだった。
リゾート型の旅はあまり得意な方ではないのだが、友人の結婚式がホノルルであって、それに参列するのを名目にした旅だった。朝からビールをぐびぐびしつつ、とろけるような南国の陽射しを浴びながらビーチでうだうだするという、絵に描いたような夏休み的怠惰な日々を送って成田に到着した時のことだ。

出迎え客で賑《にぎ》わう空港の到着ロビーへ出たところで、ハッと気がついた。

「……あれ、荷物が一つ足りない？」

僕は青くなった。リゾート気分が一気に吹き飛んだ。

置き忘れてきたのである。ハワイに、ではない。荷物受け取りのターンテーブルにだ。自分の荷物をピックアップせずに、税関審査を通過して外へ出てしまったのだ。

同行していた奥さんは隣で苦笑いしている。彼女も気がついていなかったのだが……。はてさて困った。どうすればよいものか。

——取りに戻ろう。

そんなことができるのかと、冷静になって振り返ると首を傾《かし》げたくなるが、ひどく狼狽《ろうばい》していたせいで可能かどうかを判断できるほど理性が残っていなかった。忘れたのだから、取りに戻ればいい。思考力の薄れた頭で単純に考え、行動に移したのだ。

結果、どうだったか——。

——なんと、戻れてしまったのである。

続々と吐き出されてくる帰国客（や外国人来日客）の人波に逆行し、ドアを抜けると税関審査のカウンターが現れた。空《す》いているカウンターの脇をスタスタと通って、荷物が回っている受取所に呆気《あっけ》なく戻れてしまったのだ。呼び咎《とが》められたら事情を説明するつもりだったが、不審者に注意を払う者もいなくて拍子抜けした。取り忘れた荷物はターンテーブルの脇に置かれていた。

ああ良かった、良かった。

成田空港のセキュリティが案外ゆるいという話ではない。荷物を引き取り忘れるなんて、自分としては前代未聞の愚かな失態だったのである。

実はこの旅では、出発時にも大きなポカをやらかしていた。

犯人は僕ではなく、奥さんだ。彼女のボケっぷりもなかなか堂に入ったものがある。海外旅行へ出かける際に絶対になくてはならない物、そうパスポートを忘れたのだ。

どうしたかというと、幸いにも気がついたのが空港へ向かう途中だった。急いで電話をして家族に電車でわざわざ持ってきてもらった。家まで取りに戻っていたら絶対に間に合わないタイミングだった。

夫婦揃《そろ》って足繁く世界のあちこちに出かけている割には、僕たちは考えられないような失敗を犯しがちなマヌケな旅人なのである。

ところで、海外旅行にはあまり積極的には行かないよ、という人がいる。全く眼中になさそうな人はともかく、多少の興味はあるけれど……と尻込みしている人には、とりあえずその理由を訊《き》くようにしている。

返ってくる答えとして最も多いのは、「お金がないから」「時間がないから」といった類《たぐ》いのもの。まあ、お決まりの回答なのだが、加えて「外国へ行くのが不安だから」という理由もよく聞く。本書ではこの三番目の理由に着目してみる。

異国の地を旅することそのものに壁を感じるのは不自然ではない。ピンとこない人は、恐らくよっぽどの旅の達人なのだろう。言葉は通じないだろうし、食事が合わないかもしれないし、襲われでもしたら……ネガティブな想像をすればキリがない。気持ちは理解できる。自分としては、お金や時間以上にこの理由に共感できるほどだ。

初めて日本を出た時には、右も左も分からなくて、戸惑いの連続だった。機内で配られた入国カードを記入するのに、同行の奥さんが書いたものを参考にさせてもらったら、性別の欄で「Ｆｅｍａｌｅ」にチェックを入れてしまった、なんて小っ恥ずかしいエピソードが僕の旅の原体験だったりする。

一丁前に旅人が板に付いてきた今でも、相変わらずトラブルは絶えない。根っからの小心者としては、常に一定の緊張感は伴うのが正直なところだ。ワクワクだけでなく、ドキドキとも無縁ではないのが海外旅行なのだ。

本書のタイトルである「転んでも」というのは、端的に言えば旅における失敗を意味する。失敗といっても自身の不注意による失態などが含まれるし、時には不可抗力で遭遇するトラブルなんかも考えられるだろう。

海外旅行がいくら手軽になったとはいえ、そこはやはり異国の地。日本国内を旅するのとはわけが違う。思うようにいかないことや、日本人としての常識が通用しない局面はザラにある。それらを苦痛に感じると、足が遠のいてしまう。

でも、でも……なのである。そういった逆境も含めての、旅の醍醐味なのではないだろうか。多少のピンチがどうしたというのだ。予定調和な旅だと、むしろ楽しくない気さえする。少なくとも、不安を理由に躊躇《ためら》うのは勿体《もったい》ないと僕は思うのだ。仮に壁を感じている人がいるのであれば、余計なお世話かもしれないが、少しでも取り除いてあげられればと願っている。

かくいう僕自身、よく誤解を受ける。二度の世界一周をし、今もほとんど毎月のようにどこかへ出かけており、こうして旅の本をせっせと書いているせいか、あたかも旅の玄人だろうと受け止められがちだ。

とんでもない誤解なのである。旅に対する免疫こそあれ、旅の玄人かというと、決してそんなことはない。少なくとも当の本人としては恐縮し頭を掻《か》くばかりである。

冒頭で情けないエピソードを紹介したが、正直言って失敗は数え切れないのだ。大胆なようでいて、恐る恐る手探り状態で旅を続けてきたのが真相だったりもする。そもそも冒頭の話なんて、海外どころか日本の成田空港での話だし……。

本書の位置付けとしては、いわゆるノウハウなどを集めた、旅の攻略本的なものにはなるのだろうが、単なる実用書かというと正直ちょっと違う予感もする。僕自身が失敗だらけの旅人である時点で、いまいち説得力に欠けるだろうし、偉そうなことを書くつもりは全くないのだ。実体験に基づいた、旅のエピソード集とでも言えばよいだろうか。

我ながら顔が赤くなるような恥ずかしい体験も目白押しだが、変に格好付けずにありのままを綴《つづ》ってみようと思う。それらのエピソードを通じて得た教訓が、少しでも皆さんの参考になりますように。

第一章
「空の旅」といかに上手に付き合うか

01

飛行機に乗り遅れないために

島国である我が日本から海外へ行くには、一部の海路を除き、飛行機を利用するのが一般的な方法だ。つまり日本人にとって海外旅行は、空港から始まるのだと言っても過言ではない。そんなわけで、最初は空港の話を……といきたいところだが、その前に空港へ向かう段についても言及した方が良いだろうか。実際の旅の行程にさりげなく沿う形で、本書は進行していくのである。

空港への行き方には様々あるが、我が家の場合、最も利用頻度が高いのは成田エクスプレスだ。通称、N'EX。とくに午前中に成田を出発する便となると、たいがいはN'EXで向かうことになる。

フライトの時間は決まっているわけだから、N'EXの座席はあらかじめ予約をしておくのがセオリーだろう。逆算して空港に二時間前ぐらいには着く列車を、JR東日本のサイト「えきねっと」から予約する。クレジットカードで決済までネット上で完了するので、後は当日駅の券売機で切符を発券すれば良い。

ところが、便利な半面で、実は落とし穴も潜んでいる。

落とし穴なんて人聞きの悪い書き方をしたが、普通の優等生的旅人にとっては何ら問題はないのだ。この話はマヌケな旅人限定の注意事項なのかもしれない。

落とし穴は二つある。

まず、ネットなのに予約可能な時間が限られている点だ。毎日二三時四〇分〜〇時二〇分、一時四〇分〜五時三〇分まではシステムメンテナンスのため、予約ができなくなるのだ。前もってきちんと予約できる人にはあまり影響はないが、出発直前の深夜になって、慌てて予約を試みようとする僕のような愚かな旅人は要注意だ。

そしてもう一つ。個人的にはこっちがより曲者《くせもの》である。

N'EXは新幹線などと異なり、全席指定だ。発券後の変更は窓口だと一回だけ可能である。たとえば予定よりも早く駅に着いたので、一本前の列車に変えることも座席に空きがあればできるというわけだ。

では逆に予定よりも遅く着いてしまったら、どうなるか。要するに列車の出発に間に合わなかった場合。僕は一本早い列車に乗れたことは一度もないが、寝坊して乗り遅れた経験ならある。そんな時、次の列車に変更できるのか——。

これが不可なのである。乗車券部分は流用できるが、指定席特急券は乗り遅れた時点で無効になってしまう。「立ち席」でなら乗車可能だが、小学生が遅刻して廊下に立たされるみたいで情けない。

遅刻厳禁というやつだ。まあ、当たり前と言えば当たり前だ。

新宿から成田空港までの指定席特急券料金一六六〇円が、遅刻してパーになった時は、情けなさと悔しさで自分に嫌悪感を覚えた。ちなみにその時の旅先はミャンマーで、泊まったホテルの宿泊料金がちょうど一泊一五〇〇円ぐらいだった。

日頃から時間前行動を心掛けているような人には鼻で笑われそうな失敗であるが、時間にルーズなのは一朝一夕では直らない。

次回は寝坊しないよう気をつけようと決心すると同時に、必ずしも事前に予約・発券まで済ませなくてもいいか、なんて日和《ひよ》った考えも頭をもたげたのだった。予約したら遅刻できないのなら、予約しなくてもいいや、という浅はかな考えである。

連休などで混雑している時を除けば、N'EXが満席で乗れないなんてケースは珍しい。強いて言えば、朝の始発便はいつ乗っても混んでいる印象なのだが、それ以外は予約なんてしなくてもいいのだと、遅刻の一件を僕は都合良く解釈したのだ。

ただし、予約しなくなると、途端に気がゆるみ出すという副次効果も生み出した。追い詰められないと本領を発揮できない駄目人間の典型である。

その後、予定していたN'EXに間に合わなかったことは何度も……なのだが、中でも、自分のマヌケぶりに驚きを通り越して呆《あき》れ果てた一

件がある。

——飛行機の出発時間を一時間遅く勘違いしていた。

気がついたのは家を出る直前だった。夕方の便なので、余裕綽々《しゃくしゃく》でのんびり準備していたのが一転、奈落の底に落とされた気分になった。気持ちが逸《はや》ったが、こんな時に限って、次々と難題が降りかかる。

自宅の近くの商店街でハロウィン祭りをやっていて、家から駅まで続く道が大勢の人で芋《いも》を洗う状況になっていた。大きな荷物をがらがら転がしながら歩を進めるも、前後左右あらゆる方角からカボチャやらお化けやら魔女やらが脈絡もなく現れては、行く手を阻むのだ。急いでるんで通して下さい！　そう叫びたくなるも、相手は年端もいかぬ子どもたちである。ウッカリ紛れてしまった自分の不運を呪うのが精一杯だ。普段なら五分の道を抜けるのに三倍の時間がかかってしまった。

この時ばかりは僕は観念した。飛行機に乗り遅れるなんてシャレにならない。

新宿駅でN'EXに駆け込んだ。成田に着いたら出発時間が迫っていたが、奇跡的に飛行機に乗ることができた。空港内をダッシュしている自分が惨《みじ》めだった。

02

空港へ辿り着くまでも旅

なぜN'EXを最もよく利用するかと言えば、電車だと時間が読めるからだ。車内に無線LANが完備されており、移動時間にネットができるのも嬉しい。成田空港行きの電車としては、京成スカイライナーもあるが、東京の西側に住んでいる者としては、京成は利用しにくい。最寄りのターミナル駅が新宿や渋谷なので、そうなるとN'EXが最有力候補になってくる。

電車以外にはバスという選択肢もある。新宿や渋谷からもエアポートリムジンが出ている。僕もN'EXではなく、バスで空港へ向かった経験は何度もあるが、道路の混雑状況次第では思いがけず時間がかかってしまう危険性もあり、午前出発便などではどうしても敬遠しがちなのだ。

エアポートリムジンに関しても、主要路線は事前にネット予約が可能だ。そして、こちらはN'EXとは異なり、できれば予約していく方がいい。

というのは、エアポートリムジンは全席自由席なのだが、予約した人から優先的に乗車できるシステムになっているからだ。予約者と非予約者でバス停に並ぶ列が分かれており、たとえ一番乗りでバス待ちしていたとしても、予約をしていなかった場合には、後から来た予約者の方が先に乗れてしまうのだ。

さらには、N'EXのように予約時に決済まで行うわけではなく、単なる予約だけなのも、僕のような時間にルーズな旅人には有り難い。万が一遅刻して、予約したバスに間に合わなくても、金銭的被害は生じないのだ。

予約した客が無連絡で現れないことを業界用語で「ノーショウ」と言い、状況次第ではペナルティの対象にもなる。ほかの乗客にも迷惑なのでノーショウは避けたいところだが、遅れても大丈夫なら、とりあえず予約を入れてしまいたいのは旅人の本音だろう。

ここまで成田空港へ行く話に終始したが、東京近郊なら最近は羽田空港から海外旅行へ出かける機会も増えてきた。新宿や渋谷から羽田空港へ移動するには、電車だと乗り換えが面倒なので、荷物が多い時などは直行できるバスが力を発揮する。

非常に細かい話で恐縮だが、新宿発と渋谷発であれば、新宿発を全力でオススメしたい。新宿発の方が本数が多いし、そして時間も正確な印象だからだ。

一二時二三分渋谷駅（西口）発羽田空港行きのバスを待っていた時のことだ。時間が過ぎても一向にバスがやってこなかった。新宿のように、バスのカウンターはないし、バス停で係員が待機もしていないから、誰かに確認の取りようもない。ほかの乗客たちもしきりに腕時計を気にしていた。

結局バスが現れたのは一二時四〇分で、なんと一七分もの遅刻であった。普通のバスならともかく、空港路線でこれだけ遅れるのは、目をつぶれる許容範囲を超えていると思う。しかもスタッフはバスの運転手一人だけで、運転手が荷物の収納作業までするから、全部積み終わるまでにさらに時間を浪費した。挙げ句の果てには渋谷駅を出発した後で、国道二四六号沿いにあるセルリアンタワーにも立ち寄って乗客を乗せる。ここも運転手一人で全部の作業をこなしていた。

余裕を持って家を出たつもりだったのに、出発時間がどんどん迫ってきてハラハラさせられたのだ。以来、渋谷発のエアポートリムジンは乗らないことにしている。

なんだか若干悪口めいたことを書いてしまったが、エアポートリムジンの利点も付け加えておこう。それは、やはり路線網の充実ぶりだろう。僕も赤坂や二子玉川、新百合ヶ丘などを発着するエアポートリムジンに乗ったことがあるが、ほかにも結構細かく路線が出ているので、N'EXや京成に乗るよりも、バス停の方が近い人にとっては重宝するはずだ。

03

「羽田から海外！」は結局どうなのか

羽田空港については、もう少し言及しておこうか。

二〇一〇年一〇月、待望の国際線旅客ターミナルが開業した。それまでも、チャーター便という形で、韓国や中国行きのフライトが出てはいたが、本格的に国際線定期便が就航するのは三二年ぶりのことである。

成田と比べて、都心から近いことが羽田の最大のウリだった。首都圏在住者だけでなく、地方から海外へ出かける人にとっても、国内線から乗り継ぎしやすいのは魅力だ。しかも成田とは異なり、羽田は二四時間離着陸が可能だというから、開業前は僕も大きな期待を持って見守っていた。

「これで、成田は終わったかもな」そんなムードさえ当初は漂っていた。まさに鳴り物入りで登場したのが、羽田発着の国際線なのだ。

ところがどっこい。いざ蓋《ふた》を開けてみると、予想していたほどではなかったのだ。これはほかの著書にも書いたのだが、正直なことを言うと、うーむ……という微妙な感想なのである。期待値が高すぎたせいもあるのだろう。確かに近いのは便利だし、成田にはなかった深夜出発便が多数設定されたことで、仕事帰りに海外へ行くなんてスタイルもより身近にはなった。

けれど、何より肝心の空港がいまいちイケてない。

開業直後に、鼻息も荒く早速話題の深夜出発のバンコク行きに搭乗したのだが、夜の一〇時過ぎには建物内のショップはあらかた閉店していて、悪い意味で度肝を抜かれた。仮に営業していたとしても、ハッキリ言ってラインナップが薄すぎる。

建物自体もこぢんまりとしていて、華やかさは見られず、外国の地方空港並みである。東アジアのハブ空港の座を、韓国の仁川《インチョン》空港や北京の首都空港と争うのだと聞いていたが、こんなので本気で勝てると思っているのか大いに疑問である。

こう文句ばかり垂れてしまうと、関係者は気を悪くするかもしれないが、事実なのでさらに書くと、致命的なのが羽田までの交通手段の乏しさだ。もちろん、日中は問題ない。ネックとなるのが深夜早朝の足である。二四時間空港なのだから、終電の後も何らかの移動手段があるのだろうと高をくくるのは早計なのだ。

朝の七時一〇分羽田発の台北行きに乗ろうとした時のことだ。台北には午前一〇時には着くので、現地滞在時間が長くできることにほくそ笑みながら予約をしていた。しかし、いざ出発の段になって、僕は途方に暮れてしまったのだ。

04 見習うべきは中部空港？

二時間前チェックインが国際線では普通だ。七時一〇分のフライトだと五時一〇分である。五時一〇分に羽田……あれ、どうやって行けばいいんだろう。自宅の最寄り駅の始発時間は四時五四分である。調べたところ、その始発に乗ったとしても、最短で羽田の到着時刻は六時八分になるようだった。出発一時間前の空港着でも実際には恐らく大丈夫なのだろうが、途中で何か起こるかもしれず綱渡りには変わりない。

結局どうしたかと言うと、車で行くことにした。高額な駐車場代が勿体なかったが、帰りも終電ギリギリの到着だったし、ほかにいい案が浮かばなかったのだ。

僕が住んでいるところが田舎だからかな、と一瞬考えたりもした。でも、いちおう二三区内だし、もっと遠い人だって沢山いるはずだ。みんな、どうしているんだろう。羽田の近くのホテルに前泊したりするのかな。やはり、どこか構造的な欠陥があるとしか思えないのだ。

成田や羽田とは縁のない、ほかの地域の旅人を蚊帳《かや》の外に置く形で話が進行してきてしまったが、僕自身が首都圏在住のため、この点はご容赦願いたい。

とはいえ、関空や中部（セントレア）、ほかには広島から海外へ行ったこともある。最も土地柄を意識したのは関空だ。

僕は喫煙者で、海外旅行に出る際は空港の免税店で必ず煙草を買うのだが、関空の免税店には意表を突かれた。店の前で五パーセントの割引券を配っていたのだ。たまたまだったのか、いつもやっているのかは定かではないが、成田や羽田では見たことのない光景だった。不特定多数に配るぐらいなら、わざわざ券にしないで、「全品五％引き！」などと張り紙でも出せば良い気もしたが、券を配る方がお得感が湧くのだろうか。謎《なぞ》は深まる。

さらに関空では、いざ機内に搭乗してからもっと驚くことがあった。

「まだ搭乗できていないお客様がいるため、出発が遅れます」

客室乗務員からのそんなアナウンスが流れた刹那《せつな》、機内はどよめきに包まれたのだ。前方に座っていた白髪のおじさんが、

「あと一人か？」と、乗客一同を代弁するような大きな声で客室乗務員に質問した。

「……いえ、あと七名様です」という答えを聞いて、さらに機内は騒がしくなった。乗客からは口々に苛立《いらだ》ちの言葉が発せられている。中には怒り心頭といった感じで、

「そんなやつら、置いていけばいいだろう！」と声を荒らげる男もいた。

すると、たぶん見ず知らずの他人なのだろうが、横から「まあまあ、そうすると荷物を降ろしたりせなあかんからね」と、激昂する男を取りなす人まで現れた。

これが東京だったら、みんな不満に思いつつも、むすっと押し黙って我慢するのが関の山だろう。関西の人はなんて素直なのだろうと感心させられたのだ。

広島空港からは、かつてバンコクエアウェイズがバンコク便を飛ばしていた。今はもう運休してしまったが、僕は一度だけこの便に乗ったことがある。

最も印象に残っているのは、空港が異様に遠かった点だ。市街地から離れた山奥にあり、バスで一時間もかかるのは地方都市にしては意外だった。国際線ならまだ我慢できるが、これが国内線となるとストレスがたまりそうだ。

国際線もあるとはいえ、広島空港は国内線が中心の空港であるせいか、搭乗までの段取りが極めて悪いと感じた。チェックインカウンターや荷物検査場には長蛇の列ができていた。X線の機械が一台しかないのだ。

さらには機内持ち込みの荷物の重さを量らされ、五キロを超えているので預けるように、と言われた。機内預け荷物の重さで注意を受けることはよくあるが、機内持ち込み荷物で駄目出しされたのは、後にも先にもこの時だけである。

いざ搭乗すると、乗客の男性率の高さにビックリした。これもたまたまだったのかもしれないが、八割は男性、それも中年以上の年代の者たちで、離陸後機内食が配られるやいなや、酒盛りが始まった。僕の席の隣の男たちも、何度も客室乗務員を呼び止め、ウイスキーの水割りをお代わりして顔を真っ赤にしていた。

お酒を飲むのはその人の勝手だが、何度もトイレに行くから、通路側の僕はその都度席を立って通してあげなければならないのは、正直なところ迷惑だった。

一方、セントレアに関しては、実はかなり好印象だ。なんでも、お客様満足度世界一を目指している空港なのだとか。スカイトラックス社が毎年発表している「エアポート・オブ・ザ・イヤー」の二〇一二年版においても、日本の空港で唯一ベスト一〇にランクインしている。世界一になれるかどうかは分からないが、少なくともこれまで利用した日本国内の空港の中では、個人的に最も満足度は高い。

まず、ショップやレストランなどの空港施設が充実している印象を受けた。出発階は吹き抜け構造になっており、チェックインカウンターが集まった一画を抜け、エスカレーターで上がったフロアにショップが集まっている。

この構造は、羽田空港の国際線旅客ターミナルと似ている。なんでも

空の旅不可抗力系のトラブル
シンガポール チャンギ空港にて
その1
予約が入ってません
えええ!!
完全に航空会社のミス!
どーゆーこと?!
担当者に電話してもつながらない…
営業時間外なので
予約してお金も支払っているのに…
結局チケットをその場で買い直すハメに!!
無事に乗れたものの…
当日料金で1万円くらい高かった!
予約した分は返金されたけど差額の1万は返ってこなかった…
その2
今日あなたの席はありません
えええっ!!
オーバーブッキング!!
東京で大事なアポがあるんです!
1時間後にカウンターに来て下さい
ソワ ソワ
ボクの席…
まだです…
30分後
ポツーン
皆乗っちゃった…
のせて….!
あと1分待って誰も来なかったらOKです
約束の5分前
やった!
ギリギリ最後の1人で乗せてもらえた!!

羽田がセントレアをお手本にしたのだそうだ。昔の日本家屋風のアーケードも、江戸の街並みを模したという羽田の演出と近しいものがある。中でもセントレアの目玉と言えるのが、温泉があることだろう。外国から帰ってきて、軽くひとっ風呂浴びてから帰宅できるなんて、しみじみうらやましいのだ。

05

エコノミークラスの勝ち組座席

飛行機の座席は通路側がいい。英語だと「AISLE SEAT」。旅慣れた人ならたいがいは賛同してくれることと思う。予約時に座席が指定できるケースでは、忘れずに通路側で指定しておくし、そうでない場合にも、当日空港で「通路側をお願いします」とカウンターで伝える。

飛行機の座席配列にもよるが、大型機の場合には通路側の中でもどの座席を選ぶかで少しだけ頭を悩ませる。左右プラス中央と三つのブロックに座席が分かれていて、一列につき通路側座席は計四つとなるのが一般的だ。もちろん、エコノミークラスの話である。

この場合、僕はできるだけ中央ブロックの通路側を選択する。左右ブロックだと、隣の人がトイレに立つ度に、自分も動かないといけないが、中央ブロックだと逃げ場が左右にあるので、その頻度を軽減できる可能性があるからだ。ここまでは、過去の著書などでも書いたことである。

さらに細かい話をしてみる。中央ブロックの通路側にも二つの選択肢がある。進行方向の左側か右側か。どちらが良いのだろうか。

僕は迷わず左側を選ぶ。理由は単純で、航空機は左側から出入りするのが普通だからだ。中央ブロック右通路側座席へは、入口から見ると奥側に位置する通路からアクセスする形になるので、左側よりもほんの少しだけ遠くなる。つまり、より出入りしやすい左側の方がいいというわけだ。

とはいえ、本当に些《さ》細《さい》な違いにすぎないので、そこまで神経質に気にする必要はないだろう。また欧州内、東南アジア内といった特定エリア内での移動や、外国の国内線など、短距離フライトではあえて窓側を指定することもある。途中でトイレに行くほどの飛行時間でないのなら、見知らぬ異国の風景が堪能できる窓側の方が僕はお得な気分になれる。

窓側、通路側以外には、なるべく前列を選ぶのも定石だろうか。昨今話題のLCC（ローコストキャリア）では、座席指定は別料金なのが普通だが、座席によって料金が変わってくる。前列であるほど高額になるよう設定されているのだ。

ところが、では最前列が良いのかというと、必ずしもそうではない気もする。航空会社にもよりけりだが、最前列座席は事前指定の時点では

ブロックされていることも多い。子ども連れや、身体の不自由な人のために用意されているのだ。運良く最前列を確保できたと思ったら、隣の席に赤子を連れたお母さんが乗ってきて、騒がしくて寝られないなんてことも。

また最前列だと足を伸ばせると思いがちだが、これは案外そうでもない。座席の前が壁になっていて、普通の座席よりもむしろ足元が狭い機材に遭遇した経験がある。

個人的に最高な座席は何かというと、それはもう決まっている。空いていて三席、四席を占領できるパターンだ。「エコノミーフラット」などと呼ぶ人もいるが、横になって寝られるので、下手なビジネスクラスよりも快適なことも少なくない。

隣に人が来なかったらラッキーだし、近くに誰も座っていないブロックがあれば座席を素早くチェンジする。その際、引越しのタイミングは重要だ。乗ってすぐだと、後から誰かが来るかもしれないし、出遅れると同じ目的の乗客にいい席を奪われる。

僕は飛行機に乗り込み、「おやっ、今日は空いてそうだぞ」と気がついたら、心の準備をする。すぐに移動できる体勢で座席に収まりつつ、周囲にブロック全部が空いている座席がないか虎視《こし》眈々《たんたん》と目線を走らせる。

「キャビンアテンダント、ドアーズ、クローズ」

そんな感じのアナウンスが流れたら合図だ。以後はもう誰も乗ってこない。即座に狙い定めた座席に移動し、確保できたらしめたもの。

飛行機の座席なんて何でもいいよ、という人からしたらセコイやつだと呆れられそうだが、実際かなりセコイ話だと自分でも自覚している。でも、万年エコノミークラスの旅人としては、やはり貪欲《どんよく》に少しでも快適な座席を求めていきたいのである。

06 深夜便をどう快適に切り抜けるか

限られた日程で旅するためには、できる限り効率の良いフライトスケジュールを組むのが定石である。利用する便によって出発や到着の時間が異なるから、同じ日程であったとしても、結果的に現地にいられる合計時間に大きな差が生じる。

現地滞在時間が極力長くなるようなスケジューリングを目指す方針で臨むと、必然的に視野に入るのが深夜便の存在だろう。機内泊として移動中に寝てしまえば、そのぶんを現地での行動時間に充《あ》てられる。宿代の節約にもなる。

とくに週末海外のような忙《せわ》しない旅だと、深夜便は避けては通れない。仕事帰りに空港へ直行して飛行機に搭乗し、機内で寝ていると翌朝には異国の地。帰りも機内泊で早朝に帰国し、そのまま職場へ向かう。時間のない旅人にとっては王道パターンだ。

とはいえ、機内泊だと体力的な辛さが付いて回るのも無視できない。睡眠不足で朦朧《もうろう》とした意識で臨むと、肝心の旅そのものが楽しめなくなってしまう。ビジネスクラスならともかく、エコノミークラスの狭い座席でしっかり寝られるような器用さが求められるというわけだ。

この点、睡眠欲だけは人一倍強い僕のようなタイプは有利だった。きっと図太い性格なのだろう。雑誌編集者時代には、徹夜仕事が続き、寝袋にくるまってオフィスの床にゴロンとなるような生活を送っていた。あの経験がまさかこんな形で生きてくるとは当時は考えもしなかったが、どこででも寝られるのは特技だと我ながら思う。

旅仲間に話を聞くと、「飛行機で寝られなくて……」という声も少なくない。パジャマを持ち込んで、搭乗したらトイレで着替える、なんて人もいた。パジャマでないと寝られないのだという。僕も空気を入れて膨らませる方式の首枕は活用しているが、考えたらパジャマを持ち込むのも悪くなさそうだ。そこまでせずとも、たとえばスウェットのパンツのような、リラックスできる格好に着替えると、それだけでも深夜便はずいぶん快適になりそうに思える。恥ずかしいと怯《ひる》む気持ちもあるだろうが、それで快適に寝られるなら、人目を憚《はばか》っている場合ではない。

あとは思いつくところだと、シートモニタであえてつまらなそうな映画を観るなんてのもいいかもしれない。観たい映画ではなく、ぜんぜん興味のない映画を選ぶのがポイントだ。でも観始めたら案外面白くて、むしろ目がパッチリ冴《さ》えてしまった、なんてことになる可能性も。うーむ、悩ましいところだ。

深夜便に乗り込む前にはお酒を飲む――これもありがちだが、有効な対策だろうか。僕も飲める場所があるなら、率先して飲むようにしている。素面《しらふ》だとしても寝られるのだけど、アルコールが入っているとさらに寝付きが良くなる。単に飲みたいだけとも言えるが……。

ただし飲みすぎは要注意だ。まだ旅にあまり慣れていなかった頃のことだが、ワインをしこたま飲んでから搭乗したら、機内で気持ち悪くなってしまったことがある。こうなるともう寝るどころではない。最悪なことに、飛行機のトイレで吐いてしまったのはここだけの話である。

その日の日中、アクティブに活動していると、身体が疲れているから自然と眠りにつけたりはする。うちの奥さんなどは徹底していて、飛行機に乗る前日はあえて睡眠をあまり取らない、なんて作戦を試みたりもしている。彼女は大の飛行機嫌いで、いかに寝てやり過ごすかが課題になっているらしい。

07

食いしん坊的機内食の作法

夫婦二人で羽田から台北へ飛んだ時のことだ。機内はガラガラで、一人四席ずつ占領するというラッキーに恵まれた。朝早い便だったのもあり、離陸後水平飛行になると、二人ともエコノミーフラット状態で横になって眠りに落ちた。

目が覚めたのは、機内食が回ってきて強制的に起こされたからだ。もう少し寝ていたいのに……と若干苛つきつつも、食いしん坊としては機内食は逃したくない。台北まではフライト時間がそう長くないので、起こしてくれたことは感謝すべきだろうか。

もぞもぞと起き上がり、シートポケットに引っかけていた眼鏡をかけていると、後ろの座席からただならぬ気配が漂ってきた。

「オムレツ、オカユ、ドチラニシマスカ?」

「オムレツ、プリーズ」

客室乗務員の台湾人女性がたどたどしい日本語で訊き、奥さんが英語で返事をしているのが聞こえた。

「……オムレツ、オカユ、ドチラニシマスカ?」

「……えっ、だからオムレツ、プリーズ」

なぜか同じやり取りを二度繰り返すと、台湾人女性は怪訝《けげん》な表情をしながらその場を立ち去り、別の客室乗務員を連れて戻ってきた。やって来たのは日本人で、丁寧な日本語で奥さんにこう言った。

「お客様、台湾人乗務員ですので日本語が分からないこともございます」

「……英語で言ったんですけど」

結局オムレツは出てきたものの、ただでさえ安眠を遮られてご機嫌指数が低めだったのもあり、奥さんはぷりぷり怒りながらスプーンを口に運んでいた。

機内食が配られるタイミングで寝ていると、どうなるか。

これは、航空会社や乗る便によっても様々だ。ご紹介したエピソードのように、起こしてくれることもあるし、勝手にテーブルを出して機内食を置いていってくれるケースもある。食欲よりも睡眠欲という人にとってはうざったいかもしれないが、僕は食いっぱぐれるよりは起こしてくれた方が嬉しい。

とはいえ最も多いのは、寝ている乗客はすっ飛ばしてしまうパターンだと思う。日系など一部の航空会社では、起きた頃合いを見計らい後で改めて機内食を持って来てくれたりもするが、そこまで手厚いサービスは実際にはあまり期待できない。一度スルーされてしまうと、自分から申告しないと食いっぱぐれる可能性も高いのだ（申告すれば当然ながら貰《もら》える、はずだが）。

深い眠りに落ちていると、機内食が配られたことに全く気がつかないまま、目的地に着いてしまうことさえある。まあ、そこまでガッツリ寝たい時には、さすがに機内食を逃しても諦めはつくのであるが……。

寝ていなければ何の問題もなく機内食にはありつけるのだが、欲深い僕としては不満が募る場面もある。

たとえば、中央ブロックの通路側に座っていて、逆サイドの通路側の方がやたらと早く配られると、美味しそうな匂いが鼻をついて、焦《じ》れったい気持ちになる。

また、これもありがちだが、食事はすぐに出てきたのに、飲み物がなかなかやってこないシチュエーション。通路の遥《はる》か彼方に飲み物を積んだカートが見えるが、自分のところまで来るのにまだ随分かかりそう——。そんな時、飲み物を待つのは諦めてさっさと食べてしまうか、それとも忍耐を持って初志貫徹するか。

これはとくにお酒を飲む人なら悩ましい選択だろう。折角ならビールやワインをやりながら食べたい。少なくとも、僕はそうだ。だから、よっぽどお腹が空いている場合以外は飲み物の登場まで食事には手を付けない。

もちろん、きちんと食事と同時に飲み物をサーブする航空会社も存在する。一通り配り終わった後で、ワインのお代わりを持って来てくれるような、至れり尽くせりの航空会社だって珍しくない。右手に赤ワイン、左手に白ワインのボトルをそれぞれ持って、歩き回ってくれる航空会社は、それだけで自分の中で高得点を与えたくなる。

逆に、サーブされるペースが速すぎて困惑するパターンもある。まだまだ食事中なのに、コーヒーや紅茶が回ってくると、それはそれで結構困るのだ。

コーヒーはやはり食後がベスト。そうは思うものの、あまり我《わ》が儘《まま》は言えない。たいがいは一度しか巡回してくれないから、たとえ食べ終わっていなくても、来た時に注《つ》いでもらう方がベターだという結論に達した。

ところで飲み物については、たまにこんな質問を受ける。

——同時に複数種類をオーダーするのはアリかナシか？

結論から言えば、ぜんぜんアリである。ワインを頼む時には、必ず水も一緒に頼むようにしている。朝食であれば、コーヒーとオレンジジュースを下さい、などといった頼み方をしたりもする。遠慮なんかせずに、図々しく頼むが吉だ。

08

美食国家の空ご飯にもの申す

我ながら、なんて矮小《わいしょう》な心配事なのだろうと恥ずかしくなる。でも機内食は、狭い空間で長時間過ごす中で、貴重な愉《たの》しみの一つだ。執着したいのだ。

航空会社によって当たり外れは大きいが、ここで一つ印象に残っているエピソードをご紹介したい。あれは、北京行きのフライトだった。

中国は世界三大料理の一つに数え上げられるほどの美食の国として知られる。だから中国系エアラインに初めて乗った時、きっとさぞかし素晴らしい機内食が出てくるに違いないと僕はワクワクしていた。

結論から言うと――拍子抜けしたのだ。

期待しすぎて裏切られる典型例だった。

うーんイマイチ、というより、あえてハッキリ書くならかなり残念なレベル。

成田の出発は夜七時だった。だから、必然的に機内で夕食となる。仕事から直行したせいで、僕はお酒を飲む気満々でいた。

離陸してしばらくすると、飲み物のサービスが始まった。機内のちょうど真ん中あたりにいたせいか、カートがやってくるのが一番最後になり焦らされた。片側二席ずつ二列配置の中型機だった。最前列と最後尾からカートが順に回ってくる。

ようやく自分の番になり、客室乗務員の中国人女性が柳眉《りゅうび》をやや逆立てたように、何を飲むか訊いてくる。客商売とは思えないぶっきらぼうな物言いに一瞬ムッとするも、ここはもうすでに中国なのだと思い直し、

「白ワイン下さい」と簡潔に希望を伝えた。

ところが、その客室乗務員は眉をひそめた。

「ワインは食事の時だけデス」

なんだそうなのか……。ほかの航空会社では、飲み物のサービスといえば、とりあえずワインを頼むのが僕の習慣だった。でも、ないと言う。買ったばかりの新しい靴を履いて意気揚々と出かけたら、水溜まりができるほどの大雨に降られてしまった時のような、もどかしさとがっかり感がない交ぜの暗い気持ちになった。隣の席のおじさんはオレンジジュースを頼んでいた。仕方ないので、僕はコーラにした。

それからさらにしばらく経《た》って、機内食が配られ始めた。またしても真ん中座席の僕は最後の最後になった。

「チキンウィズライス、オア、ビーフウィズライス？」

両方ともライスなのが可笑《おか》しかった。普通はどっちかはヌードルだったり、パスタだったりするものだ。僕はチキンを頼んだ。隣のおじさんはビーフにしていた。

飲み物は別途カートが回ってくるようだ。今度こそワインを……と思いながら、テーブルに置かれた機内食に目を落とす――点になった。チキンを揚げたものと白いライス、それに付け合わせの野菜が少し載ったメイン。野菜の中には僕が大嫌いな人参が入っていたけれど、それはまあ良しとしよう。問題はほかの小皿類だ。なぜか干瓢《かんぴょう》巻きが二つ、そして卵焼き。日本人を意識したということか。

さらにデザートとして、もみじ饅頭《まんじゅう》が付いていた。機内食でもみじ饅頭を見たのは初めてである。

そのうえもっと怪訝なことに、もみじ饅頭が載った小皿には、魚の形をした容器に入った醬油が添えられている……。

変なのだ。とにかく、変なのだ。まあ、でもこれも良しとしよう。日本人向けに気を利かせてのことなのだろう。

もみじ饅頭に醬油をかける人も、もしかしたらいるのだろう。

しかし、飲み物がやってこなかった。あまりに遅すぎて、我慢できず少しつまんでしまったが、ワインを飲むなら食事と一緒がいい。一度開けたメインの、銀紙を丸めていたのを開いて再度チキンに蓋をした。ここまで待ったのだから、やっぱり最後まで待とう。

いよいよ飲み物がやってきた。さっき「食事の時だけ」と言っていた女性だ。

「白ワイン下さい」

「赤デスカ？　白デスカ？」

「だから白を」さっきもそう言ったし……。

ようやく手にした白ワインだが、紙コップの半分も入っていなかった。ゼイタクを言えば、紙コップという時点でも気持ちが少し萎《な》えた。

隣のおじさんはまたしてもオレンジジュースを頼んでいて、それを注ぎ終わった後、女性は僕の方に視線を走らせ不思議なことを訊いてきた。

「ビールは飲みマスカ？」

「えっ……」

これからワインを飲もうとしている人になぜ？

酒飲みだと思われたのだろうか……。

「ノー、いらないです」僕は断った。隣のおじさんが一瞬顔を歪《ゆが》めたのがチラリと見えた。どうやら笑いを堪《こら》えている様子だ。僕は顔が赤くなった。

機内食のプレートには、お決まりの空のコーヒーカップが置いてあった。食後にコーヒーや紅茶が振る舞われるのだろう。もみじ饅頭を食べるのに、僕はコーヒーの登場を待とうと思った。甘い物はカフェと一緒に、が我が家の家訓なのだ。

ところが、なかなかコーヒーはやってこない。紅茶もだ。

やっとのことで客室乗務員がカートを引いて現れた。

待たされて、待たされて、苛立ちが最高潮に達した段になっての待望の登場だ。

ところが――なのだ。僕は再び目が点になった。唖然《あぜん》とした。

機内食のプレートを片付け始めたのだ！　僕は慌てて、下げられる前にもみじ饅頭をぱくぱく食べた。隣ではおじさんがニヤッとしていた。

穴があったら入りたい気分だった。もちろん、コーヒーはその後もやってこなかった。

その後しばらく経って、再びその中国系航空会社に乗る機会があった。

例によって機内食のプレートにはカップが置かれているのに、またしても食後のコーヒーはやってこない。前回の教訓を生かし、今度は客室乗務員を捕まえて、

「コーヒーを下さい」と僕は前のめりに注文した。

「お待ち下さい」と言われ、じっと待ったが、最後までコーヒーは出てこなかった。

09
機内食からお国柄が見えてくる

味やサービスはともあれ、機内食に関してはお国柄が垣間見えて大変興味深い。

たとえば韓国系の航空会社だと、チューブに入ったコチュジャンが出てくる。食事自体、一般的な内容のものだけでなく、ビビンバのような韓国料理が食べられたりするので、それ用なのかと最初は思ったが、洋

食的な内容のプレートであっても一律でコチュジャンは付いてくるから驚かされる。

韓国料理といえば鉄製のお箸《はし》だが、さすがに機内食にまでは出てこない……と思っていたら、ファーストクラスではきちんと鉄箸が用意されるのだそうだ。ファーストクラスなんて縁のない旅人なので、未確認情報であるが。

鬼門となるのはイスラム系の航空会社だろう。酒類が飲めないのは非常にツライ。僕にとっては忍耐を強いられる。アメリカ系のようにアルコール類が有料というパターンはまだマシだ。タダではないものの、飲もうと思えば飲めるからだ。

イスラム系の航空会社ではないとしても、発着地がイスラム国の場合には、注意を要する。隣の座席に敬虔《けいけん》なイスラム教徒がいる横で、ビールやワインを飲むのは気が引けるのだ。郷に入っては郷に従え、ではないが、異文化は尊重したい気持ちとの板挟み状態で悶々《もんもん》としながら、結局お酒を我慢した経験は僕にもある。

イスラム国の中でも、戒律《かいりつ》の加減は国によって様々だ。エジプト航空では当然ながら酒類のサービスがないのだが、カイロの空港ではハイネケンの缶ビールが大っぴらに売られていた。どうしても飲みたい客は、搭乗前に自前で仕入れておくのが暗黙の了解というわけだ。

僕がよく行くタイのフラッグキャリアであるタイ国際航空などは、その辺は実に潔い。就航先の食事情に合わせて、出てくる機内食のラインナップを変えてくるのだ。日本路線なら、日本食風のものが用意されるし、イスラム国行きなら豚肉メニューは端（はな）から存在しない。バンコク発ダッカ行きの便ではチキンか魚の選択肢しかなかったし、ドバイ行きの便ではチキンかラムだった。

タイといえば、タイ料理という独自の食文化があり、むしろタイ料理を出せば良いのに、などと辛い物好きの僕は思うのだが、どうもタイ国際航空ではタイ料理の機内食は出ないらしい。路線によって中にはタイ料理風の味付けがなされたメニューもあるが、少なくとも日本路線ではタイ料理の機内食は止めてしまった。広報さんから直接聞いた話なので、これは間違いない。

アジアの話ばかりで恐縮だが、ベトナム航空などは、旧宗主国フランスの影響を受けたのか、機内食へは比較的こだわりが感じられる。内容は他のアジア系航空会社とそれほど違うわけではないのだが、パンをアルミホイルで保温した状態でカートを押してきて、客に配る際にいちいちその場で開封して出してくれる。この気配りには、さすがだなあと感心させられるのだ。

機内食の善し悪しを測る際に僕は、パンが温まっているかどうかを一つの基準にしている。この一手間があるかどうかで、その航空会社の機内食に対するスタンスがおぼろげながら見えてくる気がするのだ。ヨーロッパ系では、多くの場合温かいパンが出てくるが、アジア系では案外見落とされがちな点だと思う。日系航空会社も例外ではない。ビニールパックに入った冷たいかさかさのパンが出てくるなんて、日系以外ではお目にかかったことがない。

そう、我が日本もあまり外国のことを面白可笑しく言えた義理ではないのだ。

日系航空会社や、外資系でも日本を出発する便だと、機内食にかなりの高確率で蕎麦《そば》が付いてくる。

「いかにも日本って感じで風流だなあ」などと好意的に捉えてくれる外国人がどれほどいるかは分からない。

「なんだろう。このへんてこなヌードルは。米でもないし麦でもないし……」

未知の食べ物の登場に、頭が混乱させられる乗客もきっといるはずだ。

この機内食の蕎麦だが、どの航空会社で出てくるのも判で押したように同じ蕎麦であるところも謎めいている。大抵デザートが入っているのと同程度の大きさの、正方形の器に麺が入っていて、きざみ海苔とワサビ、めんつゆのチューブが別途付いてくる。

「きっと機内食の蕎麦の利権があるんだよ。あれがなくなると困る業者が、成田とかにいるに違いないと思うよ」

我が家の奥さんは、名探偵を気取ってそんな風に推理していた。単なる憶測にすぎず、事実は定かではないが、蕎麦はなくてもいいから、温かいパンを出して欲しいと、一乗客としては声高に叫びたいところだ。

ただし、これが長めの旅からの帰国便となると印象は幾分違ってくる。故郷の味に飢えている反動なのか、機内食の蕎麦ごときに簡単に籠《ろう》絡《らく》されてしまうのだ。久々の日本の味覚に我を忘れ、意地汚くつゆを飲み干してしまったことも……。

10

暇つぶしではなく貴重な自由時間

日系航空会社と外資系航空会社を比べると、機内食のほかにも様々な相違点が見える。

「お座席をお倒しになる際は、後ろの方へご配慮頂けますようお願い致します」

たとえばこんなアナウンス。外資系の航空会社では僕は聞いたことがない。いかにも周囲に気を配ることを美徳とする日本人的細やかさだ。

こんなことを言われると、小心者の僕などは、座席を倒すこと自体を躊躇《ちゅうちょ》してしまうのだが、それは本末転倒であろう。食事の際や、後ろの席の人に何か特殊な事情がない限りは、座席を倒すことがすなわち悪のはずがない。離陸して水平飛行になったと同時に堂々と倒してくる人の方が、むしろ清々《すがすが》しいぐらいだ。

そういえば、飛行機の離着陸時には電子機器類の電源をオフにするのは共通ルールだが、この時のアナウンスも時代の流れに応じて日々変化している。「お使いのラップトップコンピューター、iPhone、iPad、その他ゲーム機器などの電源をお切り下さい」

といった感じのアナウンスを最近の外資系航空会社ではよく耳にする。iPhone、iPadなどとそのものズバリの固有名詞での指摘には最初のうちは驚いた。ちなみに「ノートパソコン」「ノートPC」という言い方は日本以外ではまずしないし、そう言っても通じないので覚えておきたい。

それにしても、固有名詞が共通語として使われるほどに、iPhoneやiPadを機内で使っている乗客は増えた。僕自身も、最近の海外旅行では必ずそれらを持参し、機内でもフル活用している。

「飛行機の機内では何をしているんですか?」そんな質問を受けたなら、「iPhoneやiPadをいじってます」と僕は答える。

具体的には、読書、映画鑑賞、ゲームの主に三つの使い道がある。

近頃はエコノミークラスの座席にも大型のシートモニタが付くようになり、映画などはそれで愉しむという人も少なくないだろう。けれど、

僕はシートモニタで映画を観ることはまずない。

画質が悪いし、選択肢が限られるからだと以前に別の著書でも書いたのだが、加えて観賞中に機内放送が流れた際に強制的に中断されるのもマイナスだ。

ニューヨークのＪＦＫ空港に立ち寄った際に、搭乗待ちフロアの片隅に自販機が置かれていた。そこで売られているものを見て、アメリカは進んでいるなあと感じた。ジュースや煙草ではない。中に入っていたのはｉＰｏｄや携帯ゲーム機だ。併せて、コンテンツをダウンロード購入するための、プリペイドカードまで売られていた。機内での暇つぶしグッズがこれだけですべて揃うというわけだ。

コンテンツのダウンロード販売が普及するにつれ、旅人の娯楽環境は大きく変わってきた。僕も出発直前に空港でｉＰｈｏｎｅやｉＰａｄをネットに繋《つな》いで、電子書籍や映画などをダウンロード購入して機内で愉しむことが増えた。普段は忙しくてなかなか自分の時間を持てないからこそ、長時間のフライトを有効に利用したい。

ちなみに、機内での暇つぶしグッズがアナログからデジタルに代わったことで、実は個人的には新たな問題が生じてもいる。本を読んだり映画を観たりしているうちに、ウトウトしてきて船を漕《こ》ぎ——ハッと目が覚めた時には、液晶画面の上に涎《よだれ》がベッタリ……なんてことが！　いつか壊してしまいそうでヒヤッとさせられるのだ。

11

機内誌ありきで旅を計画する

便利な電子機器類だが、泣き所もある。それは離着陸時に使用できない点だ。

ページの切り替え時に一瞬だけ通電するキンドルのような、電子ペーパー搭載読書端末でさえ、最近は厳しく規制され始めた（以前は航空会社によっては大丈夫だった）。活字中毒者として、読む物がなくなると途端に手持ち無沙汰になってしまうので、必ず最低一冊は紙の本もカバンに忍ばせるようにはしている。

また、個人的に楽しみにしているのが機内誌だ。搭乗して座席に落ち着くと、まず真っ先にシートポケットに手を伸ばす。日系航空会社では市販の雑誌並みか、それ以上のクオリティで読み応えがあるし、外資系でも写真主体なのでパラパラ眺めるだけで大いに楽しめる。

僕がどれほど機内誌を楽しみにしているかを紹介すると、とくに縛《しば》りがない場合には旅行時期をあえて月末月初に設定することもあるほどなのだ。機内誌というのは、たいていの場合月替わりで更新される。雑誌でいえば月刊誌なのである。そして更新される時期は、毎月一日であるのが普通だ。

つまり、月末に出発して、翌月初め頃に帰ってくるスケジュールだと、行きと帰りで違う誌面が読めるというわけだ。

国内線であれば、同じ月内に完結するスケジュールであっても、たとえば行きはＪＡＬで帰りをＡＮＡにするなどして、二種類の機内誌を狙うこともある。

ＪＡＬは『スカイワード』、ＡＮＡは『翼の王国』。個人的には経営破綻後はスカイワードに元気がなくなった印象を受けるし、スターアライアンス派なので率直なところ翼の王国を応援しがちではあるが、いずれも外国の航空会社のそれとは比べものにならないほど良くできている。

機内誌にもお国柄が見られる。例を一つ出すと、中国系航空会社のものは一冊がやたらと分厚い。一見お金がかかってそうだが、よくよく観察すると中身のほとんどが広告であることに気がつく。それも高級ファッションブランドや自動車など高そうなものばかりだ。息切れ気味の日本の雑誌業界を知る身としては、いかに中国の景気がイケイケなのかを思い知らされ、うらやましい気持ちにもなる。

ただし肝心の編集記事については、身贔屓《みびいき》するようだが、日系の機内誌には遠く及ばない感想だ。記事ページと広告が明確に線引きされていない点にも不信感が募る。私見ながら、日本人の編集技術は決して低くないと思う。

機内誌の中でも、さりげなく着目したくなるコーナーがある。それは読者からのお便りを紹介するページだ。普通の雑誌でも巻末などによく用意されている読者投稿だが、機内誌だけあって旅の話が中心なので旅好きとしては楽しめるのだ。

翼の王国の読者投稿に目を通すと、なぜか妙に「旅行記風」なものが多い。毎回読んでいるせいか留意してしまうのだが、書き方が皆一様だ。

いつ、どこへ、なぜ行ったか——。文章の流れはお決まりのようだ。掲載されているだけあって文章は読みやすいが、どうも過度に説明臭い。夏休みの日記のようでもある。でも、そこがいいのだ。時には短いながらも、心を揺さぶられる名文に出くわすこともあるから侮れない。

読み終わった機内誌は、自由に持ち帰っていいことになっている。僕は必ず持って帰り、本棚のコレクションに加えている。翼の王国などはバックナンバーがｉＰａｄでも配信されるようになったが、とくに外国航空会社のものは貴重で、旅のいい思い出にもなる。機内誌ありきで旅を計画してみるなんてのも案外悪くない。

12 イミグレに並びたくないのです

イミグレの係官はなんであんなに無《ぶ》愛想《あいそう》なんだろうと毎回思う。イミグレとは言うまでもなくイミグレーションのことだ。入国審査もしくは出国審査。

飛行機が到着して、まず真っ先に対面する現地人がイミグレの係官であったりするのに、ツレない応対を受けるとその国の第一印象に影がさす。これまでおおよそ八〇の国々に入国した中で、ブスッとしていない係官の方が少数派だった。例外はリゾートの島ぐらいだろうか。これは我が国にも言えることで、折角日本に来てくれた外国人なのだから、目尻を吊《つ》り上げずに笑顔で出迎えて欲しいと切に願う。

ちなみにうちの奥さんによると、イタリアやフランスなどのラテン系の国々のとくに男性係員はそれなりに愛想がいいらしいが、僕の実感としては腑に落ちない意見であり、きっと彼女が女性だからなのだろうと推測している。

ともかく、このイミグレを通過するのに、思いがけず時間を要することがある。僕は並ぶのが大嫌いだ。ラーメン屋へ行って行列を見ただけ

で断念するタイプなのだ。イミグレで待たされると途端に不機嫌になる。

行列の方法として、一列に並んで空いた窓口へ順次向かうパターンだとまだ納得がいく。いわゆるフォーク式の列である。パッと思い出す限り、アメリカや香港などはフォーク式だったように記憶している。

一方でフォーク式ではないイミグレは要注意だ。列によって進み具合に差があるから、後から来て隣の列に並んだ人に先を越されたりすると、悶々として過ごすことになる。つまり、当たり外れがあるのだ。

僕がよく行くバンコクのイミグレでこんなことがあった。あそこは時間帯によってはいつも強烈な長さの列ができているのだが、その時は本当に酷《ひど》かった。

「外れを引いてしまったかも……」

並び始めて間もなく、僕は自分の不運に気がつき落胆した。恐ろしく進みの遅い列だったのだ。そわそわしながら前方の窓口の様子を観察すると、一人が通過する間に隣の列では三人が通過していた。僕と同じ列に並んでしまった他の外国人たちからも、おしなべて怒りと後悔のオーラが漂っていて、後ろの白人旅行者などはイライラが頂点に達したのか、「ファック！」などと罵《のの》りの言葉を放っていた。

とはいえ、今さら並び直すのも悔しく、僕は手持ち無沙汰のまま自分の番がやってくるのをじっと堪えて待った。あまりに暇だったので、隣の列とどれほど差があるかを時計で計ってみると、一人が通過するのに一分もの差があって辟易《へきえき》させられた。

ようやく窓口まで辿《たど》り着くと、カウンターの上に「TRAINEE」という札が立てかけられていた。なるほど、訓練生の列だったわけだ。

バンコクのイミグレに関しては、行列度合いが極めて深刻で、ついには国際的なニュースにもなってしまった。あまりに不評を買いすぎたのだろう。先日訪れた際には、なんと入国審査がフォーク式の列に変更になっていて目を瞠《みは》った。一向に腰を上げなさそうなかの国の性質を鑑《かんが》みると、これは画期的な変化であった。

最近は、イミグレで行列に出くわした際の攻略法を研究している。といってもあまりいい作戦は思いつかない。イミグレが複数箇所ある空港ならば、混んでいる時は別のイミグレまで迂回《うかい》することにしているが、そうでない場合、パッと見て進みが遅そうな列を避けるぐらいしかできることはない。

国にもよるが、イミグレの窓口は現地人と外国人で分かれているケースは少なくない。そういえば、我が日本のイミグレも別々だ。

ほとんどの場合、現地人の窓口の方が列の消化スピードは速いので、ウッカリ間違えた振りをして現地人の列に紛《まぎ》れるという離れ技もある。あまりオススメはしない。運が良いと、「もうしょうがないなあ」という顔をしてスタンプを押してくれることもなくはないが、僕の経験上、

「あっちの列に並び直して」と門前払いを食らうことの方が多い。イミグレは杓子定規《しゃくしじょうぎ》なところなのだ。

イミグレで時間を浪費すると、時には旅の計画が狂ってしまう。とくに、乗り継ぎ時間を利用して街中を散策しようと企んでいる時なんかは大きな障害となる。僕は欲ばりなので、乗り継ぎ時間が短くても、積極的に街に繰り出す。二時間だと諦めるが、三時間だったら悩み始める。四時間もあるなら空港から外出する。

ドイツのフランクフルトで乗り継ぎだったことがこれまで二度ある。フランクフルトは街から空港が比較的近いので、ギリギリでも外出しやすいのだが、二度のうち一度はイミグレで躓《つまず》いてしまい、街中に出るのを断念せざるを得なかったのは痛い思い出だ。ソーセージをつまみに生ビールをぐびっとする計画がフイになったあの時は、イミグレの係官を呪った。

ちなみに乗り継ぎ地で入国していったん空港を出ると、再度出国する際に税金を取られることがある。これが案外馬鹿にならない金額だったりするので、外出の際は、時間だけでなく、税金についても考慮する必要があることは付け加えておこう。

13

恐るべしロストバゲージ

イミグレを通過すると、次は荷物の受け取りだ。ここでも待たされると口を尖《とが》らせることになるのだが、さらには無事に荷物が出てくるかという別の心配事もある。

預けていた荷物がなくなることを「ロストバゲージ」という。割とよくあるトラブルではあるが、実は最近まで僕は一度も遭遇したことがなかった。年平均五〇フライト程度は乗っているのに、一度もなかったのだから、幸運だったと言える。

過去形で書いたのは、ついに経験してしまったからだ。それも、まさかこのフライトでなくならないだろうという、予想だにしない移動で荷物がなくなった。

場所はアフリカ南部の島国マダガスカルだ。日本人に人気のバオバブの木など、世界的にも珍しい固有の動植物で知られる秘境国家である。一人当たり年間GDPが約四五〇ドルと、アフリカの中でもとりわけ貧しい国の一つで、その時行ったモロンダヴァという街は道のほとんどが未舗装路だった。そう聞くと、いかにもロストバゲージしそうな偏見も持たれそうだが、乗ったのは国内線である。それも、五〇人も乗れば満

席の小さな飛行機だ。完全に油断していた。

ほかの乗客たちがあらかた去ってしまった後で、窓口で文句を言った。窓口と言っても、机を出しただけの簡素なもので、その後の交渉が難航しそうな危うさが漂っていた。確認してもらったところ、荷物を積み忘れたことが判明した。次の便に載せるというが、一日一便しかないため、最短でも翌日になると聞き僕たちは項垂《うなだ》れた。

僕たちというのは僕と奥さんのことで、この時は夫婦旅行だった。なくなったのは正確には奥さんのカバンだが、僕の荷物も一部入っていた。

未舗装路の街だと書いたが、実に埃《ほこり》っぽいところだった。軽く散歩しただけで、衣服が茶色くなり、顔や手は砂まみれになる。そんな場所で、着替えがないのは地獄である。途方に暮れる奥さんに、僕はTシャツを貸してあげた。

翌日、泊まっていたホテルに無事カバンが届いた。いや、無事ではなかった。どうもカバンを開けた形跡が残っているのだ。パッと見たところ盗《と》られたものはなさそうだが、気持ちの悪さが拭《ぬぐ》えない。不味《まず》かったのが、この時たまたま、若干の日本円とクレジットカードが入ったポーチをそのカバンに入れてしまっていたことだ。

「……あれ、なんか日本円が少ない気がする」

ポーチの中身を見て、奥さんは首を傾げた。いくら入れていたのか覚えていないが、少なくとも確実にあったはずの福澤諭吉がなくなっていた。

「現金を預けカバンに入れちゃだめだよ」と僕は窘《たしな》めたが、彼女にも悪気はなかった。意図的に入れたというより、入れてあったのを抜くのを忘れたのだ。旅慣れているくせにやっぱりどこか抜けているのは確かであるが……。

ともあれ、現金が抜かれているということは、クレジットカードにも疑念が募る。なにせまる一日手元から離れていたのだ。高い国際電話代を払って、カード会社に電話してカードを止めた。着替えがないまま一日過ごし、お金がなくなり、時間も無駄にした。ロストバゲージのダメージは大きかった。

飛行機の機内に荷物を預ける際は、それなりに気を遣っているつもりだった。カバンに付けられるタグの宛先がきちんと目的地になっているかは最低限確認する。たとえば成田なら「NRT」、パリなら「CDG」という三桁の空港コードだ。

また、途中で乗り継ぎがある場合には、スルーチェックインが可能でも、状況によっては乗り継ぎ地で一度受け取って、チェックインし直すこともある。荷物がさほど大きくない場合には、預けずに機内に持ち込むことも珍しくない。

気を配っていたつもりだけれど、まんまとしてやられた。

ロストバゲージ恐るべし——。

第二章

どんな「宿」に泊まるかが旅を左右する

14

自分なりの「いい宿」の基準

生まれて初めて外国で泊まったホテルは、部屋に風呂もトイレもなかった。夜でも三〇度を超す猛暑なのに、エアコンもない。天井に備え付けられたファンのスイッチを入れると、気だるい熱気をかき回すだけだった。ホテルというカテゴリに入れるのも憚られる粗末な宿だが、ゲストハウスと呼ぶのだとその時初めて知った。

それから数え切れない回数、異国の地で眠りに就いてきた。三五歳を過ぎた今は、さすがに特別な理由がない限りは普通のホテルを選択するようになったし、宿泊料金が初めての夜を過ごしたあのゲストハウスの五〇倍以上はする超高級ホテルにも極稀《ごくまれ》に泊まることがある。

最低から最高まで自分なりに見て回った結論は、「いい宿」の基準ほど曖昧なものはないということだ。

部屋が綺麗、立地が良い、朝食が美味しい……などなど、いい宿の基準は人それぞれだろう。けれど突き詰めてみると、そういったいわばスペック的なものは実はどうでもよくて、結果的に自分が満足できたかどうかにかかっている。その宿に泊まったことで、いかに旅の思い出が際立ったものになったかが重要なのかなと。

それに、いいか悪いかの判断は所詮《しょせん》は主観にすぎない。誰かが絶賛しているからといって、それが自分にとっても最高とは限らない。

宿を予約する際には、近頃ではもうネットを活用するのが当たり前になった。少なくとも僕は、今ではほぼ一〇〇パーセント、ネットで手配している。その際にいつも参考にするのがクチコミ情報だ。ホテル側が掲載する余所行《よそゆ》きに飾られた写真などの情報よりも、先人たちの体験談の方がずっとリアリティがある。

とはいえ、クチコミで評判がいいからと選んだのに、実際に泊まってみるとガッカリさせられることも。また俗にステマ（ステルスマーケティング）と呼ばれる、やらせ的なクチコミも問題視されている。外れ籤《くじ》を引く確率は減らせるが、ゼロにはできないのだ。

クチコミを見ていて、個人的に注目するのはスタッフに関する記述だ。慣れない異国の地だからこそ、宿の人とのやり取りは旅の思い出に彩りを添える。親切にしてもらったり、個性的なスタッフと話したりしたエピソードは、時に忘れられない強烈な印象を残す。人と人との出会いなのだから、感想は千差万別だ。これればかりは行ってみないと分からないのだが、クチコミ内容に片鱗《へんりん》が垣間見えることがある。

「若いマネージャーが片言の日本語を話します。顔を合わせる度に下らないジョークを飛ばすのが玉に瑕《きず》ですが、なかなかいいやつです。質問したら丁寧に答えてくれますし、体調を崩した時に一緒に病院まで行ってくれました。感謝しています」

たとえばそんなことが書いてあったら、僕は俄然《がぜん》興味を覚える。ぜひその下らないジョークを聞いてみたい。ほかにも、いろんなケースが考えられる。

「フロントの女性がとても美人でした」などという一文に惹かれる人もいるだろう。

「宿で飼っている猫が人なつっこいです」なんてのも猫好きの琴線に触れる。

それらは宿泊する部屋の綺麗さなどとは無縁の話だが、これはこれで宿ごとの個性であり、選別する際の一つの基準になると僕は思うのだ。旅を一つの物語とするならば、宿のスタッフ（ペットも含め）は、れっきとした登場人物である。

これまで自分が泊まった宿を、そんな基準で回想してみると、「いい宿」の筆頭に挙げられるのは——あそこだ。ネパール第二の都市ポカラの宿。名前をあえて書いてしまうが、「Ｈｏｔｅｌ Ｈｏｒｉｚｏｎ」という。

一泊二五〇ルピー、当時のレートで約五〇〇円の安宿だったが、広いベッドが二つ入ってもまだ広々とした客室、三面の窓から射し込む光、そして部屋にいながらアンナプルナ山群がばっちり見えるロケーションと、当時の僕たちにとっては極楽なところだった。調べてみたら、なんと一六泊もしていたから、居心地の良さは推して知るべしだ。

長く滞在する中で、途中で部屋を移る機会があった。角部屋が空き、同じ料金だというので引越ししたのだ。事件はその時起こった。

「あれ？　貴重品入れがない……」

僕はその旅で腹巻きタイプの貴重品入れを使っていた。中にはパスポートのほかに、現金とトラベラーズチェックを合わせて三〇〇〇ドルは入っていただろうか。新しく移った部屋で、惰眠《だみん》を貪《むさぼ》ろうとベッドに横になろうとした瞬間、ハッとした。

「……前の部屋に置き忘れてきたかも」

外出する際は肌身離さず持ち歩いている貴重品入れだが、寝る時には枕の下に入れるのが習慣になっていた。セーフティボックスなんてない部屋ばかりを渡り歩く旅だった。枕の下に入れたまま、部屋を移ってしまったのだ。僕はサーッと血の気が引いた。前の部屋の鍵を返してから、もう何時間も経っていた。すでにベッドメイキングも入っているに違いない。

「どうしよう……」

この時ほど自分のマヌケぶりを呪ったことはない。ほとんど全財産と言ってもいいだけの貴重品を失ってしまったら、それは旅の終わりを意味した。とにかく、急いで探しに行かねば――。

慌てて部屋を出ようとした時だった。誰かがドアをノックした。開けると、宿のお兄さんが立っていた。目線を落とすと、彼の手には見慣れ

た黒い腹巻きがあった。

「あっ、それ……」

「忘れ物があったので、持って来ました」

お兄さんはニッコリ笑って僕に貴重品入れを返すと、「じゃあ」と言って去っていった。僕はへなへなとその場にしゃがみ込み、安堵《あんど》の息を漏らしたのだった。

「いちおう、中身確認してみたら？」

奥さんの指摘に従い、中身を広げてみる。節約旅行だったので、所持金の残高は把握していた。トラベラーズチェックの番号もメモ帳に控えてあった。すべてを確認したところ、中身はそっくりそのままだった。抜かれた形跡はなかった。

これが日本だったらさして驚かないが、外国である。それも、世界の最貧国の一つとされるネパールなのだ。路上には物乞いはいるし、ストリートチルドレンも珍しくない。三〇〇〇ドルなんて稼ぐには、何年働けば良いのかという国で、お金がきちんと戻ってきたことはある意味奇跡的だと言える。涙がホロリと零《こぼ》れそうになった。

そのお兄さんは、宿のオーナーの息子だった。結構仲良くなって、客と従業員という立場を超え色々話した。旅立ちの日には一緒に写真を撮って別れた。

もうだいぶ大昔の話なのだが、懐かしくなってネットで検索してみたところ、クチコミ情報がいくつか出ていた。「宿のオーナーの息子が信頼できる」なんて書き込みを見つけて僕は嬉しくなった。

15 安さだけでなく内容と見比べる

印象的な宿の記憶は、何年も経っても色褪《いろあ》せない。酷い目に遭った宿も含めて、平凡すぎるよりは、個性的なところの方がむしろ「いい宿」なのかもしれないとさえ思う。

「住めば都」という使い古された言葉がある。まさしくその通りで、第一印象が悪かったとしても、泊まっているうちに、「まあこんなものかな」と慣れてくるものだ。

ポジティブな思考ばかりをつらつら並べる前置きになったが、実は住んでも都とは思えなかった宿があるのだ。印象深いだけで、決して「いい宿」として思い出を消化できなかったその宿のことを書いてみる。

場所はどこかというと、韓国のソウルだ。えっ、ソウル？　と驚かれそうだが、これまで泊まった宿の中でもとびきり悪印象の宿はソウルにあった。

名前は伏せようかと思ったが、「Ｐａｌａｃｅ」という単語が入るホテルとだけ書いておく。ちなみに、「Ｐａｌａｃｅ」がつくホテルはソウルに複数軒ある。

「パレスという名のホテルで本当にパレスだったことはないね」

同行していた奥さんが鋭い指摘をしていた。確かに「パレス」を名乗るホテルは、韓国に限らず世界のあちこちで見かけるし、そう言えばいい思い出もない。

場末感が漂いまくりだった。部屋は老朽化が激しく黴《かび》臭い。絨毯は所々剝《は》がれ、なぜか障子があったのだが穴が空いていた。きちんと清掃もしていないのか、埃が積もっている。寝に帰るだけと割り切ろうと思ったが、安宿ではなくいちおうはホテルのつもりでやって来たから、激しく気落ちした。エレベーターが一つしかなくて、乗る度に毎回待たされたし、エレベーターのドアの前になぜか小さな段差があって、足をガクンとひっかけ踏鞴《たたら》を踏んでしまったのも落胆ぶりに拍車をかけた。

激安パッケージツアーで訪れた旅だったせいもある。いつもの個人旅行なら、自分でネットで調べるなりして予約するので、そこまで酷い宿に当たることは滅多にない。

パッケージツアー自体を否定するつもりはない。けれど、激安のパッケージツアーには注意を要する。安いには安いなりの理由があるのだ。価格に目がくらんでどんよりとした気持ちになるぐらいなら、多少余分に費用を払ってもそれ相応の方がいい。

少し話が脱線するが、海外旅行にあまり行かない人ほど、この手の激安パッケージツアーは避けるべきかもしれない。

「……うーん、海外旅行ってこんな感じなのね」

経験の少ない人は、きっと勘違いしてしまう。あまり行かないのに、たまたま行ってみて外れを引くと、海外旅行そのものの印象を左右しかねない。

値段の安さには絶対的な魅力があり、つい飛びついてしまう気持ちは理解できるが、パッと見の金額の安さだけでなく、内容と見比べたうえで選びたい。

16 バウチャーは紙に印刷しないと駄目なのか

ネットで予約する際、重宝するのはホテル予約専門のサイトだ。サイトによって手順は異なるものの、多くはクレジットカードで決済して、バウチャーを印刷して当日持参すれば泊まれる仕組みになっている。

バウチャーは英語だとＶｏｕｃｈｅｒと書き、簡単に言えばクーポンのことを意味する。ホテルに限らず、レストランやオプショナルツアーなどでもこのバウチャー制度は一般的で、直接予約ではなく代理店を通した場合には支払い済みの証明書を兼ねていたりする。つまり、感覚的には金券と同じだけの価値があるとも言える。

ところが、バウチャーがないと泊まれないのかと言えば、実際にはそんなこともない。きちんと予約が入っていれば、バウチャーなど見せずとも、パスポートを提示するだけでチェックインできることも珍しくないのだ。

最近は世界中どこへ行ってもネット環境は整っている。旅の最中に行き先を決めて、現地でネット予約するシチュエーションも増えた。出発前だったら自宅のプリンターで印刷すればいいが、旅先だとそうもいかないから、バウチャーがなくてもチェックインできるかどうかは実は意外と重要な問題なのだ。

紙に印刷されたバウチャーがない状態で、運悪く提示を求められたらどうするか。パソコンやスマートフォン、携帯電話の画面にバウチャーを表示させればいい。バウチャーはメールで送られてくるから、端末に保存しておくと安心だろう。

「でも、それって裏技的というか、本来は紙じゃないと駄目なのでは？」

以前に旅仲間からこんな突っ込みを受けた。今までトラブルにならなかったのは偶然で、ホテルによっては用紙の提示を厳格に求めるところもあるのではないかという心配である。確かに、役所のような融通の利かないホテルだったら、首を縦に振ってくれない可能性もありそうなので、反論できない意見ではあった。

その後、印刷バウチャーの必要性について僕なりに調べたが、答えは見つからないでいた。解決したのは最近のことだ。よく利用する予約サイトがあるのだが、そこから発行されたバウチャーを眺めていて、あ！と気がついたのだ。

——予約確認書はｉＰａｄなどの電子機器を使って表示、もしくはプリントアウトしてチェックイン時に提示して下さい。

そう注意書きが載っていた。以前はこんなの書いてなかった気がしたので、過去のバウチャーを漁《あさ》ってみたら、どうも最近になって追記されたものだと分かった。

そうなのである。紙でなくても大丈夫だったのだ。お墨付きを得たのである。

17 メール予約で出発前から現地交流

予約サイトは年々取り扱い件数が増えており、今では世界中のかなりの部分をカバーするまでになったが、それでもマイナーな場所だと対応していないこともまだ多い。それにこの手のサイトで取り扱うのは中級以上の宿がほとんどで、安宿になるとどうしても層は薄くなりがちだ。そんな時は、宿の公式サイトから直接予約を入れる。中にはオンラインでリアルタイムに空室状況や料金が表示され、その場で部屋を押さえられるようなハイテクな宿もあるが、多くはメールでの問い合わせになる。

宿のスタッフとの触れ合いを意識していることは前述したが、メールのやり取りはまさに「触れ合い」だろう。外国人のメールは、日本人のように「お世話になります」とか、変にへりくだった回りくどい表現はあまりしない。簡潔に用件のみ書いてくるのが一般的なのだが、それでも文面から先方の人柄がそれなりに伝わってくることもあり、行く前からその地の第一印象に影響を及ぼす。

そもそも、返事が届くこと自体が当たり前と考えてはいけない。拙《つたな》い英語の文章を書いて送ったら、憧れのあの街からメールが着信する。それだけで世界が繋がっている気がして、僕はニンマリしてしまう。予約に至るまでに何度かやり取りしたことで、まだ泊まってもいないのに、そのホテルに愛着が湧くことすらある。

またメール予約の長所は、お金がかからないことだ。出発が差し迫っている時は電話をかけたりもするが、国際電話になるので電話代もバカにならない。メールなら、細かい要望や値段交渉も気軽に伝えられる。

空港から市内までの移動が大変そうだからと、予約する際に送迎できないか訊《たず》ねたことがあった。本来は送迎サービスなんてやっていないが、特別に迎えに来てくれると返事がきた。それも無料だという。やけに親切だが、メールの文章も親しみの籠《こ》もった好印象なものだった。そのメールを書いた本人が自ら、当日空港まで迎えに来てくれたのだが、連想していた通りの好青年が現れホッとした。

一方で、メール予約を巡ってはトラブルもある。到着が朝早いので、アーリーチェックインできないかを問い合わせたら、大丈夫だと返事が来ていた。しかし、いざホテルに到着すると、追加料金を支払えと言われ揉めに揉めたのだ。メールという証拠物件があるにもかかわらず、こちらがいくら文句を言っても決して折れなかった。

ほかには、こんなこともあった。アフリカの海沿いの街の宿にメールを送った。返信されてきたメールには、部屋は空いていて予約は可能だとあり、さらに続けてデポジットを一〇〇ユーロ送金して欲しいと書いてあった。送金先の銀行口座も指定されていた。クレジットカードは受け付けていないという。

海外送金か——。ハッキリ言ってかなり面倒くさい。調べたら、指定口座に日本から入金するには手数料が四〇〇〇円もかかることが判明した。

「もう飛行機もコンファームしていますし、必ず行きますので部屋を確保してもらえませんか？」

泣き落としのようなメールを僕は送った。手数料が高い旨も書き添えた。

すると、嬉しい返答が届いた。

「今回はあなたを信用しますので、デポジットなしで予約を受け付けます」

話せば分かるのだなあと、まだ見ぬその街への思いが募った。

この話には後日談があって、実は僕はその宿をすっぽかしてしまった。飛行機が飛ばなかったのだ。不可抗力とはいえ、不義を働いてしまったようで、後味の悪さが残った一件だった。

18 優先すべきはその国ならではのホテル

忙しない日程の旅が多い僕の場合、ホテル選びで最重視するのは立地条件である。街の中心部から遠く離れていたり、地下鉄の乗り換えが面倒な場所はなるべく避ける。

一方で、かといって「立地に恵まれた宿＝いい宿」というわけでもない。そのホテルがどこに位置しているのかは最低限クリアしたい条件にすぎず、いいか悪いかの判断基準は別のところにある。

前述したように、総論としては結果的に思い出に残るかどうか、が重要なのだが、そんな回答だと煮え切らない印象を受ける読者もいるかもしれないので、あえて一つ挙げてみたい。それはズバリ——窓からの眺めだ。

眺望に優れた宿は、それだけで満足度が三割増しぐらいになる。都会なら眼下に夜景が望める高層階、田舎なら自然が身近に感じられるテラス付きなど。宿には寝に帰るだけだったとしても、気持ちのいい木漏れ陽と共に朝日を覚ませたら、いい一日が始まりそうな期待感に包まれるだろう。

とはいえ、眺望の良さは料金に比例することも多い。時には奮発もするが、基本的には限られた予算内で選ぶことになる。部屋からの眺望はイマイチだったとしても、共有スペースとして見晴らしの良い屋上が付いている宿などは納得のいく落とし所だろうか。またどんなに安いからといって、窓のない部屋だけは意地でもパスすることは付け加えておきたい。

眺望以外にも、これなら多少予算を上げてもいいと思えるのは、いかにもその国ならではの施設を備えた宿だ。たとえば韓国のオンドル付きの宿など。自分が外国人だったら、日本旅行するならホテルではなく旅館に泊まりたいというような発想だ。

真冬にフィンランドへ行ったことがある。北極圏の街までオーロラを見に出かけたのだ。空港の滑走路にまで雪が積もっているような、ちょっとシャレにならない感じの厳しい寒さの街で、僕は宿探しでこだわった条件がある。北欧は物価が高めだが、その条件だけは譲れなかった。

何かというと、サウナである。サウナはフィンランドが発祥なのだ。

僕はもともとサウナが大好きで、折角フィンランドまで行くのだから、本場のサウナを思う存分堪能したいと思っていた。

けれど、実際に行ってみると、サウナ付きの宿はいとも簡単に見つかった。なんと、ほとんどすべての宿がサウナ完備だったのだ。聞くと、フィンランドでは一般の家庭にさえサウナがあるのだという。スキー場近くの高級ホテルの中には、サウナとスパを合体させた複合レジャー施設まであった。

フィンランド滞在中は、サウナ漬けの日々を送ったのだが、入るのに何気に結構緊張した。勝手が分からないからだ。とくに悩んだのが、裸でいいのか、ということ。

それまでも、海外で温泉に入ったことは何度かあった。ネパールの山奥や、ボルネオ島、ハンガリーのブダペストなどだが、それら温泉施設では、全裸の人はいなかった。そう、みな水着着用なのだ。

日本人としては風呂といえば全裸が基本である。今さら言う必要もない。ところが世界的にはそれは非常識だったりする。公共の場なのだから、全裸はＮＧなのだ。

その発想でいくと、フィンランドのサウナにも水着が必要に思えた。雪国の旅だというのに、僕はサウナのためにきちんと水着を持参していた。

フィンランドサウナ初体験の時、脱衣所で僕は苦慮《くりょ》した。小さなサウナだったが、すでに誰かが中に入っているようだった。

――水着を着るべきか。

中の人が水着か全裸かは分からない。中の人が水着ならば、自分が全裸で入ったらきっとギョッとされる。結局、着て中へ入った。

すると――全裸だった。胸が毛むくじゃらの男に、「やあ」と挨拶された。水着なんて着ていない。日本のサウナのように、股《また》の上にタオルをかけたりもしていない。丸出しなのである。僕は思わず不自然に目を逸《そ》らしてしまった。なんでこいつは水着なんだろうという表情をされた。居心地の悪さにいたたまれなくなった。

二回目からは、当然のように全裸で入った。男女が別々の場合には、フィンランドのサウナでは水着なんて着ないのだと後で知った。

一方で、これとは真逆の失敗をしでかしたこともある。モロッコでハマムへ行った時の話だ。ハマムというのは、イスラム国で広く見られる公衆浴場のことで、蒸し風呂のような部屋に入り、あかすりやマッサージなどをしてもらえる施設だ。

風呂なのだからと深いことを考えずに全裸で部屋に入った自分が迂《う》闊《かつ》だった。あかすり師はおばちゃんで、僕の姿を一瞥《いちべつ》しギャッという表情を浮かべた。脱衣所に専用のパンツが入っているから、それを着てくるようにと、おばちゃんは目を背けながら説明してくれた。大恥をかいてしまったのだった。

19

新規オープンのホテルにご用心

空港からホテルまでの移動については、時と場合によるだろうか。

初めての街であれば、行きの機内でいちおうガイドブックをぱらぱらめくって、市内までの移動方法だけでも最低限予習するようにはしている。そうでなくても、できれば出発前にネット等で軽くでも調べておくと安心だ。地下鉄やバスなどの公共交通機関があるなら、なるべくそれらを利用する。ただし荷物が多い時などは、面倒なのでタクシーを使うことも少なくない。

いずれにしろ、ホテルに到着するまでは少なからず緊張の瞬間は続く。いや、ホテルに到着しても、無事にチェックインができ、荷解きをするまでは安心できないのだった。これはもうだいぶ昔の話なのだが、バンコクの空港からタクシーでホテルへ向かった時の珍エピソードを振り返ってみたい——。

「もう少し真っ直ぐ行って下さい」

僕は地図を片手に、運転手に指示を出していた。

「ダンナ、ホテルらしきものはないようですよ」

「おかしいな……、このあたりのはずなんだけど」

さっきから同じ場所を行ったり来たりしているが、お目当てのホテルがなかなか現れない。業を煮やしたドライバーは車を停め、近くでビル工事をしていた男に聞いている。

「ダンナのホテル、ここらしいですよ」

「ええっ！　ここって、工事してるじゃん」

「とにかく、ここで間違いないそうですけど、どうしますか？」

よく見るとそのビルは、外観はほとんど完成しているようで、工事員の男たちは最後の仕上げ作業をしている雰囲気だった。中はきちんとホテルとして営業しているかもしれない、という淡い期待を抱きつつ、タクシーを降りることにした。

「コップン・カップ（ありがとう）」

「カッポン（ありがとうございます）」

お金を払うと、タクシードライバーは呆気なくその場を去ってしまった。念のため待っている、ぐらいの気遣いがあってもいいのに……などと舌打ちする。重いバッグを持ち上げながら、工事の邪魔にならないようによろよろとビルの中へ進んだ。

入ってすぐのところにカウンターらしきものがあって、スーツを着た女性が何やら作業をしていた。

「サワッディー・カップ（こんにちは）」

声をかけると、そのスーツ女性は鳩が豆鉄砲を食ったかのような驚きの表情を浮かべ、次の瞬間には大きな旅行カバンを持った僕をあからさまに異人を見る目で凝視した。

「今日予約をしているヨシダです」

僕はホテル予約サイトから送られてきたバウチャーを差し出した。すると、女性はさらに困惑した表情になり、オロオロしながらどこかへ電話をかけ始めた。

「少しお待ち下さい」

「ここはホテル……ですよね？」

「……少しお待ち下さい」

待つこと数分、恰幅《かっぷく》のいいお兄さんが外からやって来た。スーツ女性が呼んだのだろう。お兄さんはバウチャーを手にとってそれを確認すると、大きなため息をついた。

「手違いだと思います」

「えっ……」

「うちはまだオープンしていないんです。だからこの予約は手違いです」

「ええっ……」

予約したホテルがやっていなかった……。そんなバカな、な事態である。思い当たる節はあった。確か、予約サイトに出ていた「新オープン！」

という派手な宣伝をクリックして見つけたホテルなのだ。できたばかりでキャンペーン料金だったのに惹かれて、ならばと決めたのだった。

「でも……、でも、予約できたんですよ。こうしてちゃんとバウチャーもあるし」

「……そう言われても。このバウチャーに書いてある番号に電話してみます。エージェンシーに確認しましょう」

タイでは、ホテルに限らず、レストランやデパート、さらには空港でさえ、途中までしかできていない状態でも、とりあえず営業を開始してしまう商習慣があるのは知っていた。彼らは澄ました顔で「ソフトオープン」と言うのだが、いかにもタイらしい、ゆるくて、結果オーライなシステムだと思う。

電話はなかなか繋がらないらしく、お兄さんは何度かリダイアルをしていた。やっと繋がった電話を横で聞いていたが、タイ語なので詳しい内容は分からない。

「お客様と話したいそうです」

そう言ってお兄さんは僕に受話器を渡した。電話の相手はブロークンな英語を喋《しゃべ》った。長い説明だったが、要約すると、「手違いがあって、そのホテルには泊まれません」といったことを言っている。

なんでオープンしていないホテルが予約できたのかを問いつめたところで、「手違い」と繰り返すだけで、ここには泊まれない事実は変わらなそうだった。そもそも「誰」の手違いなのか、については明らかにしないところがタイ人だなあと思うものの、言っても無駄だと僕は諦めた。

「近くの別のホテルを押さえますので、何か希望はありますか？」

「同じぐらいの値段がいいんですけど」

「すぐ近くですと、そこより高いところしか空室がないようです」

そんなやり取りを電話で交わしながら、ようやく折り合いがついて、別のホテルへ移ることが決まったのを見届けると、恰幅お兄さんとスーツ女性が安堵の笑みを漏らしていたのが印象的だった。

そのまま改めてタクシーを拾い、スーツ女性が同乗して、取り直したホテルまで送り届けてくれた。今回の件では、彼女が最もすまなそうな顔をしてくれていて、僕としては「いや別に君のせいではないんだけどね」と内心思いつつも、いかにも自分が被害者なんです、といったオーラを全身から醸し出していたら、スーツ女性は結局タクシー代まで払ってくれて、逆に恐縮してしまった。

新しいホテルに無事チェックインをし、ようやく部屋に落ち着いた時には、外はもう暗くなっていた。時計を見て、三時間近くもロスしていたことに気がつき、僕は愕然《がくぜん》とした。バンコクには一泊しかしない予定だった。予定が大きく狂わされたのだった。新規オープンのホテルは要注意である。

世界のすてきなお宿？
チベットの野ざらしシャワールーム
ギャーーッ
外に設置されたシャワー
温水がほとんど出ずに
めちゃくちゃ寒かった…。
しかも
そのせいか うっかりシャンプーセットを置き忘れて
以後の旅で悲惨な目に…
ううう…
メキシコのトイレが個室化
されていないホテル
ベッドから
トイレまる見え…
う…
1人旅ならまだしも夫婦・カップル
同性 いずれもキツイ…
中国のニーハオトイレも
ひどいが
あれ以上と思った
モロッコのホテルにて
電源が床際にあったので
PCを床に置いて充電していた
シャワー
じょろ〜
シャワールームの水まわりがよくなくて
水が部屋へ流れ込み
PCがズブ濡れに…
=3 幸い復活したけど…
ほっ
ホテルに戻ってきたら
自分の暗屋のベッドの上で
ネコが寝ていた…
てててててて
私も行きました！
ニャー
メキシコのカサ吉田にて

20 定宿は居心地の良さと腐れ縁で

話はこれで終わりではなかった。手違いにより開業前なのに予約できてしまったバンコクのホテルだが、その後再び訪れる機会があったのだ。それも一度や二度ではない。数え切れない回数泊まることになるなんて、自分でも意外だった。

バンコクは僕の中でも最も馴染み深い旅先で、年間五、六回、平均するとだいたい二〜三ヶ月に一度のペースで訪れている。バンコク自体には用はなくても、乗り継ぎの関係で一泊だけするパターンは多いし、日本発ではなく、バンコクを起点に東京を往復するオープンチケットを買い始めてしまったせいもある。

いわゆるリピーターというやつだが、何度も来る街だと、泊まる場所も限られてくる。無事新規オープンにこぎつけた例のホテルに、改めてリベンジする形で泊まってみたら、これがなかなかアタリだったのだ。先のスーツ女性ともすっかり顔馴染みになり、そうなると居心地も悪くない。気分転換に別の宿にすることもあるが、考えるのが面倒な時は、何も考えずにそのホテルに予約を入れるようになった。

定宿という言い方がある。常宿と書く人もいる。いずれにしろ読んで字の如くで、いつも決まって泊まる宿を意味する用語だ。つまりそのホテルは、僕のバンコクでの定宿というわけだ。どこかはここでは内緒にするが、スクムビットの奇数側のどこかである、とだけ書いておく。

定宿にしているぐらいだから、少なくとも僕にとっては「いい宿」である。設備や立地条件と料金のバランスが実に程良い。

地域にもよるが、アジアならば一泊二〇〇〇～三〇〇〇円程度、高くても五〇〇〇円以内が僕のホテル代の目安で、その範囲内で選ぶ。物価の安いアジアだから、ここぞとばかりに高級ホテルにするという考え方もあるだろう。ヨーロッパで泊まろうと思ったら五万円は下らない五つ星ホテルが、三分の一の料金で泊まれたりする。

けれど、質より量を追い求める僕のようなタイプは、宿泊費にあまりお金を投資したくないのが本音なのだ。かといって、あまりに貧相な宿も避けたい。となると、必然的に選ぶホテルのクラスは決まってくる。

負け惜しみに聞こえるかもしれないが、高級ホテルのデメリットを一つ書く。それはインターネットの接続料金だ。中級クラスであれば、フリーＷｉ－Ｆｉが当たり前になってきたのに対し、高級ホテルは多くが有料である。しかもその金額は結構バカにならない。

たとえば上海で泊まった某五つ星ホテルは、ネット接続料金が一時間六〇元、一日一二〇元、三日三〇〇元だった。一番安い一時間六〇元でも、日本円にすると七三〇円もするのだ。

僕は旅先でもネットがないと生きていけない軟弱な旅行者だ。パソコンやiPadを持参してネットに繋ぐのは日常化しており、その際の費用込みでホテルを選別する。とくに定宿にして頻繁に利用するような宿だと、ネットが無料なのは最低条件だ。そんな発想で比較すると、高級ホテルの方がむしろ不便だったりもする。まあ、高級ホテルに毎回泊まる財力がないのが最大の理由ではあるが。

定宿化したバンコクのそのホテルでは、その後もしばしばトラブルに見舞われた。最も衝撃的だった事件を紹介する。

チェックインして部屋に入ると、いつものように備え付けの箪笥《たんす》に着替えを収納しようとした。ガラガラと引き出しを開けて——絶句した。中に異物が入っていたのだ。

——コンドームだった。それも使用済みのやつ。念のため補足しておくと、連れ込み宿ではない（と思う）。都会的でスタイリッシュな新しめのホテルだ。セキュリティも割とちゃんとしている（ように見える）。

前の客が置いていったのを、掃除し忘れたのだろうか。すぐに内線をかけ、ルームキーパーを呼んだ。掃除のおばちゃんがやって来た。引き出しを見るなり、

「うっ……」と顔をしかめ、「ソーリー」と僕に詫《わ》びた。

開業前に予約できたのに続き、これも僕の中では前代未聞のトラブルだった。さすがに暗い気持ちになり、定宿を撤回しようかと本気で考え

を感じるのだ。

た。でも、いまだにそのホテルに足が向いてしまう。因縁めいた繋がり

21 いかに清々しくチェックアウトできるか

去り際の印象が良いとまた来たくなる。立つ鳥あとを濁さず、なんて言葉もある。逆に最後に揉め事を起こすと、後味の悪い結果が待っている。ホテルのチェックアウトはノートラブルかつ、なるべくスマートに済ませたい。

「ミニバーのご利用はございますか?」

フロントで鍵を返すと、大抵はこんな質問をされる程度だろうか。予約サイトなどで手配したホテルであれば、宿泊費は事前に支払い済みだ。無線LANでのインターネット接続も、最近は多くのホテルで無料である。電話は携帯があるので、部屋に備え付けの電話機から外線をかけることはない。別途請求されるのは、部屋に備え付けの冷蔵庫内の飲み物代ぐらいというわけだ。

ただ、「何も飲んでいません」と答えたとしても、フロントクラークは内線でルームキーパーに確認を取るのが常で、だったら訊かなくても

……とはいつも思う。ミニバーの飲み物は概して高いので、節約旅行が身に染みている僕はあまり飲むことはない。コンビニなどで買って持ち込んだ方が遥かに安く済む。

さらにセコイことを言えば、仮にミニバーの飲み物を飲んだとしても、同じものをコンビニで買ってきて補充するという荒技もある。もういい大人なので、最近はさすがにそこまではしないけれど……。ミニバーの話ついでに書くと、コンプリメンタリー（無料）の水をチェックインしてすぐに冷蔵庫に移すのは小技の一つだ。最初から冷蔵庫に入っているパターンもあるが、コンプリメンタリーの水は、グラスやカップなどと同じ場所にそれと分かるように置いてあることも少なくない。

ほかにチェックアウトの際に気をつけるべき点として、デポジットを回収するのを忘れないように。といっても、こちらから何も言わずとも返してくれるホテルがほとんどではある。万が一先方が何も言ってこなかったら、領収書と引き替えに必ず返してもらう。クレジットカードを提示していた場合は、取り消し処理をしてくれたり、目の前で伝票をビリッと破いてくれたりもする。

ところで、フライト時刻の関係などで、チェックアウト時間が早朝になることがある。逆に深夜出発だと、チェックアウトしてから出発までに半日以上の時間が余ってしまう。

早朝出発の際は、寝る前にモーニングコールを頼んでおくのも定石だろうか。起きるのが苦手な僕は旅行用の目覚まし時計も持っていくが、念のためモーニングコールも併用している。携帯電話やスマートフォンのアラーム機能も使えるが、案外気がつきにくいので、僕は目覚まし時計派だ。携帯電話の電池が切れていたせいで、目覚ましが鳴らなくて泡を食った苦い記憶もある。

フライトが夜だと、お昼までにはチェックアウトして、荷物はフロントで一時的に預かってもらうようにしている。有料でのレイトチェックアウトが可能なところや、夜まで部屋を使ってOKという気前のいいホテルもあるが、まあそれらは例外だろう。暑い南国の旅だと、出発前にシャワーを浴びたり、着替えたりしたいところだが、それだけのために無駄なお金を使うのも忍びない。

僕がたまに実践する作戦として、出発前にマッサージやスパへ行く手もある。シャワーが浴びられるし、着替えも持ち込める。リラックスしたうえで、帰国に備えてリフレッシュもでき一石二鳥なのだ。

いずれにしろ、帰国直前日に一泊だけ、などのシチュエーションであれば、あまりいいホテルにする必要はない。本当に寝るだけなら空港へのアクセスが便利なところ、リラックスしたいならスパなどの施設が魅力的なところといった具合に、用途に合わせて臨機応変に宿選びする方が結果的に失敗が少ないと思う。

第三章

異国の地だからこそ味わえる「食事」の喜び

22 高級レストランより屋台派の旅人

ヨーロッパをバックパック旅行していた時分、食事はスーパーなどでパンを買って済ますのだという旅人によく会った。物価の高いヨーロッパで、旅費を節約するための知恵なのだろう。彼らを否定するつもりは毛頭ないが、僕には無理だなと思った。

どうもバックパッカーの中には同様の傾向が見られるようで、インドのアグラへ行った時にも驚くことがあった。アグラと言えば、かの有名な世界遺産タージマハルだ。白亜のイスラム建築は、インド観光のハイライトとも言える。そのタージマハルを見学し、写真を撮って撮って撮りまくり、大いに満足して宿へ戻って来た時のことだ。宿で知り合った日本人旅行者と話す機会があった。

「タージマハルどうでしたか?」

「いやあ、すごい良かったですよ。もう行きました?」

「いや、あそこ入るのにお金結構取るでしょう。だから自分はパスですね」

「……ああ、そうですか」

タージマハルの入場料は当時一五ドルだった。これはインドの物価感覚からするとべらぼうに高いのは事実で、僕もブウブウ文句を垂れながら入場券を買ったのだ。なにせ、その時泊まっていた宿に三泊はできる金額だった。

価値観は人それぞれだから、僕がとやかくいう話ではないのだが、アグラの街に来ておきながらタージマハルを見ないなんて、何しに来たのだろうかと首を傾げた。

これは限られた予算で安宿を渡り歩く旅をしていた当時から変わらない僕の考えなのだが、なんでもかんでも節約すれば良いものでもない。費用をケチって仮に長く滞在できるのだとしても、それは本末転倒である気がするのだ。

冒頭の食事の話に戻る。せっかくヨーロッパまで来たのだから、多少お金がかかったとしても、ワインに合うご当地料理に舌鼓《したつづみ》を打ちたい。胃袋の観光も旅のうちなのだ。食いしん坊の僕としては、食事は何よりも最優先させたい欲求だ。

節約するとしても、自分の中で優先順位を付け、我慢すべきものと、そうでないものは明確に区別するようにしてきた。全てを我慢しなければならないのなら、旅に出る意義を失いそうな気さえする。

一方で、仮に予算が潤沢《じゅんたく》にあったとしても、その街一番の高級レストランばかりを選ぶような旅は性に合わない。地元の人たちで賑わう庶民的な食堂や、小腹が空いた時に手軽に空腹を満たせる屋台の方に心惹かれてしまうのだ。

旅先で街を散策する時は、美味しそうな匂いに敏感に反応してしまう。お腹が減っていなくとも、真っ先に目が行くのは食べどころで、「後で食べに来よう」と頭の中にメモをとる。そして、その種の通りすがりの旅人の食欲を喚起させる食べどころの多くは、高級レストランではなく、食堂や屋台なのもまたしかりだ。

たとえばトルコでのエピソード。トルコ料理は世界三大料理の一つに数えられる。美食の国なのだ。もう行く前から、僕は食べることで頭がいっぱいだった。

イスタンブールに二泊した際、初日の夜は、ガイドブックの目立つ場所に載っていた有名レストランへ行った。テーブルには真っ白なクロスがしかれ、ボーイが恭《うやうや》しくビールをグラスに注いでくれるレストランだ。キョフテという、トルコ風ハンバーグにヨーグルトがかかったものを、フォークとナイフできこきこしながら食べた。美味しかったけれど、どこか余所余所しさを感じていた。

二泊目の夕食は、がらりと趣向を変えてロカンタへ食べに入った。ロカンタというのは、トルコでは一般的な大衆食堂のことで、店頭に作り置きされて並べられている料理の中から、自分の好きなものを注文する、セルフサービス方式の食べどころだ。昼間街歩きをしていて、偶然見つけた店だったのだが、これがアタリだった。

ピーマンの肉詰めや、鶏肉をオリーブオイルで煮込んだものなど、欲張って食べきれないほど注文して、食後にはデザートとチャイまで堪能したのに、会計は前日のレストランの半額以下だった。言うまでもなく、満足度が高かったのはロカンタの方だ。

さらには、イスタンブールには有名なご当地グルメがある。

サバサンドである。

サバとは、魚の鯖《さば》のことで、焼いた鯖の切り身をレタスや玉ねぎのスライスと共にバゲットに挟んでかぶりつく。お好みでレモン汁をかけるのだが、トルコ人を観察するとみんなたっぷりかけていたので、僕も彼らの流儀に倣《なら》ってどばどばかけた。

完全にB級グルメというやつだが、これがニンマリしてしまうほどに最高に美味い。イスタンブールは地理的にアジアとヨーロッパの接点に位置し、海峡をいくつかの橋が結んでいる。サバサンドが売られているのはその海峡が望めるガラタ橋のたもとで、海風を浴び、旅情に浸りながらかぶりつくという、抜群のロケーションからしてすでに高得点をあげたくなる点も付け加えておく。

ほかにもトルコで食べたものとしては、ピデというトルコ風ピザや、ナッツ入りの甘いお菓子などなど、美味しいものだらけで枚挙に遑《いとま》がないのだが、グルメ天国のかの国でとりわけ印象深いのがロカンタやサバサンドだという事実は、僕の旅先での食事情を物語っているとも言える。

23

言葉の壁を乗り越えられる食事

トルコのロカンタで思い出したが、この手の自分で好きに注文できるタイプの店は旅人には大変有り難い。第一の理由は、言葉の心配がいらないからだ。英語圏や、そうでなくてもツーリスト向けのレストランであれば、英語や時には日本語の訳がメニューに書いてあるが、世界にはそんなに親切な店ばかりではない。

ウズベキスタンへ行った時、レストランのメニューが全く読めずに途方に暮れたことがある。旧ソ連のかの国では、ウズベク語とロシア語が使われており、英語のメニューは、僕が入ったレストランではお目にかかれなかった。これがアルファベット表記の言語であれば、なんとなく想像する余地はあるのだが、ロシア語のキリル文字は暗号みたいでちんぷんかんぷんなのだ。仕方ないので適当に頼んだら、スープ料理が二品も出てきてしまい、恥ずかしくて顔が赤くなった。

その後、本家ロシアを旅したら、レストランの多くでメニューに英語が併記されていて安心した。ウズベキスタンは、ロシアよりもロシアらしさが残っていたのだ。

ともあれ、目の前にあるラインナップから、指差しで注文できるのは、写真付きのメニューよりも直接的で手軽だ。

日本でもバイキング形式はたまに見かけるし、海外旅行でもホテルの朝食ビュッフェなどは身近な例に思えるが、食べ放題ではなく、皿に取った分だけ支払うタイプの店も、世界中で散見される。いわば量り売りというやつだ。たとえばニューヨークのデリや、台湾の自助餐《ジージューツアン》などは比較的知られているだろうか。

個人的に思い出深いのはブラジルだ。「ポルキロ」と呼ばれる量り売りのレストランが幅を利かせている。ポルキロとはＰｏｒ Ｋｉｌｏと書き、「キログラム単位で」といった意味。客は食べたいものを皿に盛り、最後にレジで重さを量って支払う。総菜屋さんを彷彿させるが、テイクアウトではなく、その場で食べられる。

ブラジル滞在中は、ほとんど毎日のようにポルキロへ通った。値段の手頃さに惹かれたのもあるが、最大の理由はその利便性の良さだ。どんなに田舎街へ行っても、必ず見かける、ある意味最もブラジルらしい食事とも言えた。長距離バスの食事休憩でさえ、ポルキロだったりするぐらいなのだ。懐かしい。ああ、懐かしい。

量り売りとは違うが、アジアの屋台なども、言葉の心配がいらないという意味では旅人向けだろうか。一つの屋台で扱う種類は限られているから、言葉が通じずとも注文するうえではさほど困らない。目の前で作っているのだから、「これと同じのを下さい」と言えば済むのだ。

アジアの屋台と言えば麺料理が主役級だが、麺屋台などは指差しの極致である。

例としてタイの麺屋台を挙げてみる。タイの麺にはいろいろと種類があって、米麺か卵麺かにまず大別される。よりポピュラーなのはクイッティオと呼ばれる米麺で、米麺にも太さによって大きく三種類ある。細い方からセンミー、センレック、センヤイと呼ぶのだが、そんな言葉は知らなくても何ら問題はない。ほとんどの屋台で、ガラスケースの中に入っている麺を見て、店主に指差しで「これ」と伝えればいいからだ。

ベトナムなどはもっと簡単で、麺の種類は少ない。どこに行ってもあるのが、フォーと呼ばれる米麺で、タイのように太さを選ばずとも、「フォーを下さい」と言えば済んでしまう。ベトナム語のみの店でも、「Ｐｈｏ」とアルファベットで書かれているのでまず間違えないだろう。厳密には鶏肉か牛肉か、などバリエーションはあるのだが、注文するのに緊張するほどの難易度ではない。

ところで我が国の話だが、外国人にはあまり優しくないように感じる。飲食店のメニューに英語が書かれていることは稀で、ファミレスのように写真付きメニューがあればまだマシな方だ。よくマクドナルドなどで外国人旅行者の姿を見かけるが、あれは食べ慣れた味だから、という理由に加えて、ほかの選択肢がないせいもあるのだろう。

最近は外国へ行った際に、書店で日本旅行のガイドブックを漁るのをささやかな愉しみとしている。そんな中で、台湾で見つけたガイドブックは興味深かった。

表紙をめくって、まず最初に特集されていたのが、牛丼チェーン店での頼み方だったのだ。牛丼チェーン店は、自動券売機でお金を支払うから、店員と日本語での会話をしなくても済む。券売機の使い方や、ボタンに書かれている日本語さえ判別できれば、外国人でも注文可能なのだろう。それにしても、巻頭特集が牛丼チェーンというのも、なんだかなあという気にさせられたのだった。

24
食のタブーは犯すべからず

海外旅行での食事の魅力は、美味しいご当地グルメをたらふく食べられることのみではないと思っている。食事一つとっても、日本との様々な違いが垣間見えて興味深いのだ。空腹だけでなく、異文化へ対する好奇心をも満たしてくれる。

まず日本では当たり前のことが、外国では非常識だったりする。

たとえばスープ類を飲む際にお碗《わん》に口を付けない、などは最も分かりやすい例だろうか。アジアでよくお世話になる麺料理でも、日本のラーメンの感覚でお碗を両手に抱えながらズズーッと汁を飲むのはけしからんこととされる。お碗に口を付けることに加え、ズズーッと音を立てるのも忌避《きひ》すべき行為らしい。決して上品とは言えない屋外の屋台であってでも、スプーンですくいながら上品に味わうのが現地の流儀だ。

またこれはとくにヨーロッパの話だが、大皿料理でもないのに、複数人でお皿を回し合ってシェアするのはマナー違反とされる。一品の量が日本人からすると多すぎたりもするので、夫婦二人でサラダとスープとメインを一品ずつ頼んでつつき合うなんて食べ方をしたいところだが、店によっては確実に白い目で見られる。

こんなことを書くと、外国にかぶれやがって……と誤解を受けそうだが、郷に入っては郷に従えという言葉もある。本音を言えば、スープをスプーンでちょびちょび飲むのは億劫《おっくう》だし、無駄だと分かっていながら二人分頼むのも非効率だ。でも、そこは日本ではないのだ。自分たちの価値観をゴリ押しする勇気は僕にはない。

中には犯してはならないタブーもある。イスラム教の国では豚肉は我慢せざるを得ない。ヒンドゥー教のインドでは牛肉も同様だ。お酒が飲めない国では、辛いけれど外国人であっても従うのが礼儀だろう。長く滞在していると禁断症状が出るので、イスラム教国の旅から帰ってくると、僕はいつもとんかつを食べるのだが、反動のせいか普段以上に美味しく味わえるのは余談である。

一つ言えるのは、食文化の違いを許容できると、旅がさらに際立ったものになるということだ。自分の常識とは違うからこそ、それがむしろ面白いのだ。旅行中は、些細な違いでも気になるものだ。そして些細であればあるほど、理解した時に僕は心がワクワクしてくる。

ニューヨークのステーキハウスでビールを頼んだ時のことだ。IDを見せて欲しいと言われた。アメリカでは飲酒できる年齢かを細かく確認されることが多いが、迂闊にもその時はパスポートをホテルに置いてきてしまっていた。その旨伝えると、「生まれたのは何年か?」と訊かれた。僕なんて未成年者には到底見えないと思うのだが、律儀にチェックするのだなあと強く印象に残っている。

ファストフードやフードコートなど、セルフサービス式のレストランでは、食べ終わった後のトレーの扱いについて目を瞠る。日本であれば、客が特定の返却場所へ下げに行くのが普通だが、これは日本や、あとはアメリカなど一部の国でしか見られない習慣のようだ。セルフサービス式であっても、トレーはテーブルの上に置きっぱなしで立ち去る国が多いと感じる。清掃員が来て、持っていってくれるのだ。

近年は日本の有名チェーン店も多数海外に出店しているが、それらであっても客が下げる必要はない。ミャンマーのヤンゴンには、「トーキョードーナツ」という日本にあやかった名前(?)のファストフード店があるが、そこでも食べ終わったトレーはテーブルに置きっぱなしで大丈夫だった。

その際、トレーを回収する都度テーブルをふきん掛けしてくれるから、日本のセルフサービス式の食べ所より実は合理的かもしれない。日本だとその都度掃除までしてくれない店も少なくなく、前の客が汚したテーブルを自分で拭くのは惨めな気持ちになる。

また、役割分担がしっかり決まっている点も、外国ならではだ。ヨーロッパだと、テーブルごとにウェイターがつく。担当ではないウェイターに用件を伝えるのは、原則NGであるし、嫌な顔をされる。

インドではカースト制度の名残《なごり》で、スタッフの役割が明確に決まっている。デリーの喫茶店でコーヒーを頼んだ際、なかなか持って来てくれなかった。ふとカウンターに視線を送ると、僕のものらしきコーヒーが、台の上に置きっぱなしになっていて、そのすぐ横で店員どうしテレビを観ながら談笑していた。彼らは運ぶ係ではないから、たとえ手があいていても手伝わないのだ。

飲み物の話をすると、東南アジアだとビールを氷で冷やす文化も忘れられない。冷蔵庫がない店ならまだ話は分かるが、きちんと冷やしてあったとしても、氷いっぱいのグラスがセットで出てくるからビックリさせられる。

最初のうちは僕も抵抗があった。ビールに氷を入れたら明らかに味が薄まってしまうのだ。けれど慣れとは怖いもので、近頃は氷が出てこな

空の旅

1 初めての空港であれば、免税店はとりあえずチェキっておく。あまり買わないけれど(ドバイ) 2 空港から出る瞬間は、緊張と興奮が入り交じる(ネパール)

機内食

1

2

3

4

5

1 ワゴンが前方に見えたら、自分の番はまだなのにおずおずとテーブルを準備。食い意地が張っているのです　2 アジア系だとベトナム航空の機内食はお気に入り 3 とりあえずワインを頼みたくなるのがヨーロッパ系。エールフランスはさすがに飯はイケてる　4 アメリカ系はどこもそうだが、機内食は良くも悪くもザックリしている。リンゴが丸ごと1個出てきたこともある 5 乗り慣れたタイ国際航空は、路線ごとにメニューが違うのが興味深い

名も知らない食堂に腰掛け、麺を頼もうとしたら、冷蔵庫にビアラオがあるのを発見。昼間から堂々とお酒を飲めるのは旅の醍醐味のひとつか。幾分の罪悪感と共に(ラオス)

食事

食事

1

2

3

4

6

5

8

7

1 気取ったレストランよりも大衆飯に心を奪われるタイプだ（トルコ） 2 どんな料理でも作りたてが一番美味い（ネパール） 3 高カロリーなものほどクセになる（シンガポール） 4 アジアを旅していても、時折西洋風の味付けが恋しくなる（インドネシア） 5揚げと焼き、どっちにする？ と言われたら両方頼むのが吉（ネパール） 6 美味しいけど、ずっと同じ味付けだと飽きる（モロッコ） 7 メニューが読めなくても指差しでオーケー（メキシコ） 8 パスタはトマト味が好き（イタリア）

観光

ミーハーなので、ランドマークは欠かさず狙う。
ライトアップするなら夜も再訪。三脚を忘れ、
仕方なく手持ちで撮った(ロシア)

1 天気が悪い日は気持ちを切り替え、屋内型の観光とする。写真はエルミタージュ　2 地下鉄に乗るだけでもドラマあり(共にロシア)

観光

1 自転車で旅すると目線が変わって新鮮だ（ネパール） 2 日本にはない乗り物に心動かされる（バングラデシュ） 3 折角訪れたのに工事中だった……意外とありがちな失敗の一つ（ネパール） 4 歩きがいのある街を積極的に探す（アメリカ） 5 無名なスポットだとしても侮れない（シンガポール） 6 猫の多い街はいい街だ（トルコ）

いと物足りなさすら感じるようになった。とくに屋外の飲食施設だと、暑い国だから、氷がないとすぐにぬるくなってしまうのだ。ぬるくなるよりは、冷たいままで味が薄まる方が美味しく飲める。

ただし、この氷が時には悲劇をもたらす。外国では生水を避けたりと、衛生に気を遣うが、氷となると油断してしまうのだ。ビールに限らず、コーラなどのジュース類も同様で、気をつけていたのにお腹を壊してしまった場合の原因が氷であることは意外に多いように思う。だからといって、氷を入れるのを我慢するかと言うと、僕自身は誘惑に負けてしまうのだが……。

25 テーブルチェックは嫌なんです

せっかちなのかもしれない。海外のレストランで食事をしていると、しばしばイライラしてしまう。急いでいる時などはハラハラもさせられる。

お勘定の話である。

イライラ、ハラハラすべきではないのかもしれない。そういう文化なのだろうと諦めの境地に達しようと僕だって幾度も試みた。でも、やはり無理である。なんでお金を支払うだけであんなに時間が必要なのか。僕にはどうしても解せないのだ。

国によっても違うけれど、日本のように食べ終わったらレジへ行って支払うなんてケースはかなり珍しい。これはむしろ日本が特殊な例なのだと納得はしている。

たいていは、テーブルに座ったままで会計は済ませる。まず、店員さんを呼び止め、「お勘定をお願いします」と伝える。英語だとBill PleaseやCheck Pleaseと言うのは中学で誰もが習う。フランス語ならラディシオン・シルブプレ（L'addition S'il vous plait）、スペイン語はラクエンタ・ポルファボール（La cuenta Porfavor）だ。さらに言えば、中国語はマイタン（買単）、タイ語はチェッビンドゥアイカップだと旅しているうちに覚えた。

呼び止めてから席に来てくれるまでも実にのんびりしていて、スローモーションを見ているような気分になることも。日本のように、テーブルの上のスイッチを押したら店員が飛んでくる、なんてことはあり得ない。だから声をかけて振り向いたら、両手を上げて伝票に書くジェスチャーで伝達したりもする。

とにかく、何らかの方法でお愛想をお願いするのだが、店員さんが伝票を持ってくるまでもこれがまあ結構待たされる。二〜三分で出てきたらラッキー、運が悪いと忘れられていつまでもテーブルで手持ち無沙汰状態に陥ることも少なくない。金額が書かれた紙を恭しく上品なトレーに置いて出してきたりして、そんな小細工は不要だから、とっとと持って来てくれ！　と心の中で毒づいたことは数知れない。

現れた伝票を見て、財布から現金を取り出しトレーの上に置く。その間、テーブルのそばで店員さんが待っていてくれるわけでもない。再びお金を取りに現れるのを、じっと堪えて待つことになる。

続いてお釣りだ。ここで三度目の辛抱を強いられる。店の奥の方をちらりと覗くと、マネージャーらしきオジサンが電卓を弾《はじ》いていたりする。

——まだかな、まだかな……おっ、計算が終わったっぽい！

遠目でオジサンがトレーにお金を置くのが見えた。ふう待たせやがって、と安堵した時に限って、他のテーブルの会計だったりもするから油断ならない。

最早我慢の限界、という段になってようやくお釣りがやってくる。ここでしばし逡巡《しゅんじゅん》する。そうだ、チップを置いていかなければ。出されたお釣りを見ると、端数でもないのに、なぜか細かい硬貨や紙幣に崩された状態だ。チップを期待されているのが露骨に見てとれる小賢《こざか》しい手口だが、もう慣れた。待たされて不快指数がメキメキ高くなっているとはいえ、ここは大人しく置いていった方がよい。

お勘定をお願いしてから店を出るまでにかかった所要時間は一〇分、

なんてことも決して珍しくない。時と場合によるが、電車やバスの発車が控えている時などはヒヤヒヤものである。南仏の島へ行った際には、船の出港に乗り遅れそうになった。このままでは間に合わないと判断し、店員を呼び止めずにお金を持ってキャッシャーまで払いに走ったのはイタリアだったろうか。

テーブルチェックが煩《わずら》わしいのも、僕が屋台や食堂ばかり選んでしまう理由の一つだ。やはり、せっかちなのだろうか。

26

朝食こそローカルめしなのだ

ガイドブックの食事のページをパラパラ眺めていて、いつも感じることがある。何かというと、朝食の情報の少なさだ。全く載っていないわけではないが、ランチやディナーに比べると、朝食は積極的に紹介しようという姿勢ではなさそうだ。

考えられる理由は一つ。朝食はホテルで食べる人が多いからだろう。パッケージツアーにしろ、個人旅行にしろ、朝食付きのホテルは珍しくない。というより、どちらかと言えば朝食が付いていない宿の方が少数派かもしれない。

ホテルの朝食と言えば、ありがちなのは、ビュッフェスタイルだろう。陳列されているラインナップの中から、客が自由に皿に盛っていくスタイル。きちんとしたところなら卵料理を注文してからその場で作ってくれるし、日本人の多い街なら味噌汁など日本食らしきものまで食べられる。内容は様々だが、どこのホテルでも最低限パンとコーヒー、紅茶ぐらいは用意されている。

僕の場合、個人旅行がほとんどなので、ホテルは毎回自分で手配している。その際、朝食の有無を選択できることがある。

僕は、朝食は付けないことが多い。

なぜなら、まず金額差が頭に引っかかる。部屋は同じなのに、朝食を付けただけで一〇〇〇円も高くなるのならと、尻込みしてしまうのだ。たかが朝めし、それもビュッフェであれば内容は想像できる。そんなものに一〇〇〇円も払いたくないのだ。

仮に朝食を付けずに予約していても、現地で気が変わったら追加で料金を支払えば、食べられないなんてことはまずない。金額はケースバイケースだが、あらかじめ予約するより、現地で追加料金を払って食べた方が安くなるという逆転現象が起きたりもするので、なんとも言えない。

第二に、付けていたとしても、本当に食べられるのか、という我ながら情けない懸念もある。日本で暮らしている時は、それなりに規則正しい生活をしている。するようになったと言い換えてもいい。雑誌編集を生業《なりわい》としていた頃はお昼前に起きるなんて茶飯事だったが、今はだいたい朝七時頃には起きるだろうか。

翻って旅行となると、途端に節度が低下し始める。遅くまで酒を飲んで夜遊びすると、朝起きるのが億劫になる。朝寝坊しても誰からも文句は言われないのだ。油断していると、目が覚めた時には朝食ビュッフェの時間がもう終わっていた……なんて失敗を繰り返す日々。結局、朝食を兼ねたブランチになってしまう。だったら、無理して朝食は付けなくてもいい。

さらにもう一つ。もう少し前向きな理由も書いておく。西洋ナイズされた朝食ビュッフェよりも、その地ならではの料理を食べたいのだ。国によってはホテルの朝食ビュッフェであっても、頑《かたく》なにローカル料理しか出さないところもあるが、まあどちらかと言えばそういう頑固な国は少数派だろう。滞在日数が限られる旅では、食事の回数も決まってくる。貴重なチャンスなのだから、ありふれた朝食ビュッフェで済ませてしまうのは勿体ない気がするのだ。

ホテルでの朝食がないとなると、どこかへ食べに行くことになる。ガイドブックにはあまり情報が出ていないが、どこで食べるか悩んだことはあまりない。ホテルの周りをふらっと適当に歩けば、よほどのことがない限り、食べどころは見つかる。選択肢はホテルの周辺に限られる。

わざわざ電車に乗ってまで食べに行くほどでもない。

無論、ランチやディナー時よりは営業している店の数は少ない。朝しかやっていない店もあるから、前日までに目星を付けておく、なんてわけにもいかない。完全に当てずっぽうである。正直言って、外す時もある。ギャンブルである。

でも、朝食ぐらいは外したっていいのだ。ランチやディナーに比べるとダメージは少ない。逆に予期せぬアタリを引くと、朝からご機嫌な気分になれる。また多くの場合、ホテルの朝食ビュッフェよりも、大幅に安く上がるのも利点だ。なんだ、外で食べた方がいいことずくめではないか。

朝食というと、白いご飯派とパン派で分かれるだろう。僕は普段はパン派で、白いご飯はまず食べないが、旅先でまでそれにこだわったりはしない。あるものの中で我慢する習慣は、旅を重ねるうちに身についてきた。

ところが、インドを旅していた際、朝食の選択肢がカレーしかなかったのには閉口した。正確なことを言うとサモサというパイのような食べ物や、麺などもあったのだが、どれもカレー味（マサラ味）だったのだ。朝から辛いものを食べるのは少々度胸がいる。おまけにインドのカレーは香辛料がたっぷりで、油っぽく胃にもたれる。インドでは例外的にホテルの朝食ビュッフェを付けることにしている。

節約旅行をしていた頃は、朝は買い食いで済ますことも多かった。バゲットにアーミーナイフで切り込みを入れ、チーズとハムを挟む。ヨーロッパや南米では、チーズやハムが美味しい。しかもスライス単位で購入できるから、かなり安く上がる。とくに朝早くから移動する際などは、前日のうちにスーパーで仕入れておいて、バスの中で朝食タイムにすることも多かった。

名付けて「ハモンイケソ作戦」。こういった食べ方を始めたのがスペインだったのだが、スペイン語でハムは「ハモン」、チーズは「ケソ」と言い、「イ」は英語のアンドを意味する。そのため、我が家ではこの名が付いた。

「朝ご飯どうしようか？」

「ハモンイケソでいいんじゃない」

そんな感じで今でもよく実行に移す作戦だ。日本にいても朝の定番メニューの一つになっているが、日本だとハムやチーズの種類が少なく、値段も高いのが玉に瑕だ。

ハムとチーズだけが挟まったサンドイッチを食べる度に、僕はヨーロッパや南米の旅を思い出す。

27

一人旅でも怯まず果敢に頼む

好きな時に好きな場所へ行って好きなことができる。羽が生えたような自由を謳歌《おうか》できるのが一人旅の魅力だろう。

しかしながら、食事に関してだけは、一人旅だと色々と不都合が生じる。

食べられる絶対量が少なくなるから、必然的に頼める種類が減ってしまうのだ。何品か頼んで誰かとシェアをするわけにもいかない。

とくに辛いのは中華圏だ。中華料理は大皿文化なので、一人だと持て余すことになる。中国本土のほか、香港や台湾を旅する際も気になる問題だ。

野菜の炒め物一品と、メインに肉や魚を一品、あとスープを頼んだとする。自分としてはミニマムな構成のつもりだが、野菜の炒め物だけでもお腹いっぱいになってしまい、巨大などんぶりに溢《あふ》れんばかりのスープを見てゲップが出そうになる。仕方ないので、手軽に食欲を満たせる麺や餃子などでお茶を濁しがちなのだが、そうすると胃袋的にはどうしても不完全燃焼に終わってしまう。

中華圏でも、都会であればフードコートという逃げ道もある。中華系民族が多く暮らすシンガポールでは、「ホーカーズ」と呼ばれる屋台とフードコートの中間的存在の食べどころも重宝する。ホーカーズでは、同じ料理でも注文の際に量を指定できる店が多く、一番小さいサイズにして複数の料理を楽しめるのは魅力だ。

でも、フードコートにしろホーカーズにしろ、そればかりなのも興ざめだ。やはり折角来たのだから、それなりに本格的なレストランでも味わいたい。

では、どうするか。ここは割り切りが必要だ。

たとえ一人であっても、堂々とレストランへ入り、遠慮なく食べたいものを注文する。まず間違いなく食べきれない量が出てくるが、気にしてはいけない。残せばいいのだ。勿体ないとか、申し訳ないという気持ちが芽生えそうになるところをグッと抑え込む。元々、中華料理は多めに頼んで残すのが流儀でもある。食べるのを我慢するよりはずっといい。

そもそも、一人だからといって入店を断られることは少ないだろう。過去にフランス南部の港町マルセイユで、一人であることを理由に入店を断られた記憶があるが、僕の実体験としては後にも先にもその一度だけだ。同じくフランスの別の街では、一人で食べていたら隣の席の夫婦が親しげに話しかけてくれたりと、心温まる思い出もある。

他にも焼肉や鍋料理なども、一人だと少々勇気がいる。でも逆に言えば、少々の勇気さえ出せば済む話なのだ。韓国まで来たのだからと一人で焼肉を食べたし、タイでは一人でタイスキに挑んだりもした。恥ずかしさよりも、むしろ寂しさを覚えるぐらいだ。寂しいのは一人旅だと当たり前なのだから、ならば食べたいものを食べ逃すジレンマを抱えるよりはと勇気を奮い立たせ、果敢に挑戦したい。

唯一、一人で食べていて恥ずかしいと感じるのはスイーツ屋だろうか。学校帰りの地元の女子高生たちに交じりながら、中年のおっさんが一人でケーキを食べるのは別の意味で勇気がいる。まあ別の意味なので、一人旅とは関係ないかもしれないが。

28

日本の味が恋しくなったら

海外旅行に出ると、和食ではなく、日本食に呼び方が変わるのは不思議だ。日本人同士なら和食と呼んでもいい気がするのだが、海外では和食なんて呼ぶ人はあまり見かけない。

旅をしていると、日本の味が恋しくなる。差はあれど、誰もがきっとそうだろう。

以前に両親とグアム旅行した際、父親のたっての希望で到着するなりいきなり日本食屋に入って、アサヒスーパードライを注文する羽目になった。一食目ぐらいは現地の食事にすればいいのにと呆れ果てたが、息子としても滞在が一週間を超えるとさすがに我慢できなくなってくる。

外国で出合う日本食には大きく二種類ある。日本人オーナーが経営していたり、日本人の板前が作ってくれる、日本人も納得の日本食屋さん。それと、現地人向けにアレンジされた地場の日本食レストランだ。

最近は世界的に日本食ブームで、都市部であればかなりの高確率で日本食レストランが見つかる。僕もしばしばお世話になっているが、それらは多くは後者になるだろう。日本人からすると、首を傾げたくなるような邪道な味も珍しくないが、それっぽいメニューが食べられるだけでもだいぶ助かる。

僕がよく行くタイなどは、日本食が最も幅を利かせている国の一つだ。デパートのレストラン街へ行けば半分ぐらい日本食だし、地方都市へ行っても必ず見つかる。現地に在住している日本人向けではなく、タイ人をターゲットとした店がこれほどまでに市民権を得ている事実には瞠目《どうもく》させられる。

バンコクには大戸屋、吉野屋、ＣｏＣｏ壱番屋など日本でもお馴染みのチェーンもあるが、旅人として興味深いのは地場の日本食レストランの方だ。中には日本では食べられないユニークな発想の日本食もあって、なかなか楽しめる。

強烈なのは「Ｓｈａｂｕｓｈｉ」という店。しゃぶしゃぶの「Ｓｈａｂｕ」、寿司の「Ｓｈｉ」を組み合わせた店名からしてギョッとさせられるが、入店するとポカーンとしてしまう。

その名の通り、メインとなるのはしゃぶしゃぶと寿司。店内はカウンター席の前に、ベルトコンベアが流れており、いわゆる回転寿司屋のような佇《たたず》まい。しかし寿司が回っているのかというと、これが違うのだ。肉や野菜など、しゃぶしゃぶの具が皿に載って流れてくる。カウンターには客各人に鍋が備え付けられていて、食べたい具材を自由に取って、しゃぶしゃぶする仕組みになっている。たれは辛く、本家しゃぶしゃぶとは入れる具材も異なる。いわばタイスキである。

寿司は回ってこない。テーブルの上に置かれているのを各自で取りに行く方式になっていて、寿司のほかにもてんぷらやデザート類などが並ぶ。寿司としゃぶしゃぶの立場が逆転しているのだ。

食べ放題で一時間一五分二九五バーツ。飲み物も付いて七〇〇円ちょっとは、一般的なタイ料理の食堂の相場からすると安くはないが、食事時には店の外に行列ができているほどの人気ぶりだ。

ほかにも最近行った国の中だと、ロシアの日本食の流行《はや》りぶりにも驚いた。日本食といっても、ロシアで人気があるのは寿司だ。そしてこれが本当にあちこちで見かけるのだ。モスクワやサンクトペテルブルクのような大都会を歩いていると、二〇〇～三〇〇メートルおきぐらいに目

旅のお供・日本の味
世界一周していたころ
日本の味が恋しくて
醤油とめんつゆをペットボトルに
入れて持ち歩いていた。
めんつゆ
醤油
アボカドに
かけたり
親子丼を作ったり
チキンと卵は
どこでも買える
しかし…南米でバス移動の際
大荷物に入れていた
ペットボトルが
破損!!
カバンの中が
めんつゆで
大変なことに…
べっしょり
ニオイもすごくて現地の人に
ケゲンな顔をされた
El olor del bonito
カツオ臭

にするといっても過言ではない。

ロシア料理は美味しいので、旅していて食のストレスはあまり感じなかったのだが、こうもしょっちゅう日本食が視界に入ると、気になってしまう。

ある日、意を決して中へ入ってみた。ネタはパサパサしており、シャリもボロボロ崩れる。でも、きちんと寿司下駄に並べられて出てくるし、ガラスケースにネタが陳列されるなど、日本を感じさせてくれる。店員さんが着物なのも実に絵になる（ロシアの女性は美人が多い）。味の満足度は低いものの、「これも異文化体験」と割り切るとなかなか楽しめた。

この手の外国の寿司バーは、日本と同じレベルを期待すること自体が間違いなのだが、唯一涙が出るほどに感動してばくばく食べた街がある。南アフリカのケープタウンだ。治安の悪さが喧伝《けんでん》されがちな南アフリカだが、ケープタウンは南欧を思わせる美しい景観の街だ。石畳の広場は大道芸人や、フリーマーケットで賑わっており、写真を見せたらここがアフリカだとは気がつかないだろう。

ケープタウンの食の思い出と言えば、僕は完全に寿司なのである。アフリカ大陸の南端に位置するケープタウンは地理的に重要な漁港の一つで、日本船籍のマグロ漁船なども立ち寄るという。つまり、新鮮なネタが揃っているのだ。寿司をつまみに、南アフリカ産の白ワインなんかを味わうのは至福の一時である。

アフリカの旅は、色々と過酷な局面が続く。とりわけ食事情が厳しいのは、食いしん坊旅行者にはしんどい。その旅では、遠く北のエチオピアから大陸を縦断して南アフリカへ到達していた。長い道のりを経てようやくありつけたからこそ、ケープタウンの寿司が際立ったものとして印象に残っているのかもしれない。

29

駆け込み寺は「バーガーキング」

短期旅行であれば、どうしても日本食でなければ困る、なんてことは滅多にない。折角旅行へ来たのだから、その地ならではの食事を味わいたいと切に願う。味にはうるさいようでいて、一方で融通の利くタイプでもある。

とはいえ、身構えてしまう食文化と遭遇することもある。全く口に合わないのなら、もうどうしようもないが、バリエーションが少ないのも困りものだ。

美味しいけれど、そればかりが毎日続く——。

何を食べても同じ味付け——。

——飽きてしまうのだ。舌が無意識のうちに違うものを欲するようになる。

たとえば、モロッコがそうだった。タジンと呼ばれる、平べったいお皿に三角錐形の蓋をかぶせた鍋料理は、近頃は日本でも人気なので説明不要だろうか。モロッコは本場だけあり、絶品のタジン料理が味わえる。ハッキリ言って、モロッコ料理はむちゃくちゃ美味しい。サフランの薫り高い味付けも食欲をそそる。感激のあまり、重いのを承知でお土産にタジン鍋を買ってしまったほどだ。

でも——なのである。毎日タジンなのだ。毎日サフラン味なのだ。飽きもせずに同じものばかり食べられないのだ。

いちおう中の具にはいくつか種類はある。しかし二、三日も滞在すれば、一通りの定番メニューは食べ尽くしてしまう。ピザ屋を見つけた時には、これ幸いとばかり駆け込んでしまった。

また、インドも手強い。朝めしの項でも書いたが、こっちはカレーのマサラ味が延々とついて回る。都市部なら西洋料理や日本食などの逃げ道も用意されているが、田舎へ行くとお手上げである。

いたたまれなくなって、スーパーでカップ麺を買ってしのごうとしたら、カップ麺すらマサラ味だった。遂にはお腹を壊して熱を出し、病院に入院してしまったのだが、病院食までが一日三食律儀にもカレーだった時には、茫然《ぼうぜん》自失となった。

インドへは何度か訪れているが、最も最近の渡印ではこんなことがあった。

到着して三日目にして、すでにマサラ味には辟易していた。何でもいいから違うものを食べたい――。でも、宿の周りにはほかに選択肢がなさそうだった。

僕は持って来ていたガイドブックを開いて思案した。すると、地図に「バーガーキング」を見つけ、おっと目を瞠った。しかし泊まっていた宿からはかなり遠そうで、歩いてはとても行けない距離だ。お金もかかるし、わざわざ食べに行くのも面倒なのだが、僕はオートリキシャーを拾った。いわゆる三輪タクシーだ。どうしてもハンバーガーを食べたかった。食べ慣れた西洋の味が恋しかった。

「バーガーキングまで」

オートリキシャーの運転手にそう言うと、首を横に傾げた。分かりにくいが、インドではイエスの意味だ。場所を知っているのだろう。

地図を見せて説明するのも大変なので安堵した。世界的に有名なファストフードチェーンなんて似つかわしくない、騒々しくゴミゴミした街にいた。だから、そんな文明的なものがあるのならみんな知っているんだろうなあ、と解釈した。

ところが到着して僕はあれっ？　となった。運転手がここだと言うのだが、キョロキョロ見回してもそれらしき看板は見当たらないのだ。

「……ええと、どこにあるの？」

「ほら、ここだ。これこれ」

運転手はすぐ目の前の雑居ビルを指差している。

もしかしたら、雑居ビルの中に入っているのかもしれない。僕はオートリキシャーの代金を払い、建物の入口へ向かった。曇りガラスのドアを覗くと、どうやら飲食店のように見えた。インド人の男たちが立ったまま、サンドイッチを頬張っている。

とにかく中へ入って、訊いてみよう。

「バーガーキングはどこにあるか知ってますか？」

「えっ、この店だよ」

予期せぬ答えに絶句した。同じ名前の違う店だったのだ。

よく見ると、壁には店名のロゴが描かれているのだが、見たことのあるデザインだ。いや、本家のロゴに酷似している。ハンバーガーらしき丸型に、「BURGER KING」の文字が右肩上がりで躍っているのだ。

がっかりしたが、わざわざ来たので食べていくことにした。コッペパンにトマトや玉ねぎが挟まったサンドイッチを頼んでみた。肉のような茶色い塊も入っていたが、牛は神様として扱われるヒンドゥー教のインドでは、牛肉であるはずもない。

食べてみた——やはりマサラ味だった。

第四章

見たい、知りたい。ならば「観光」

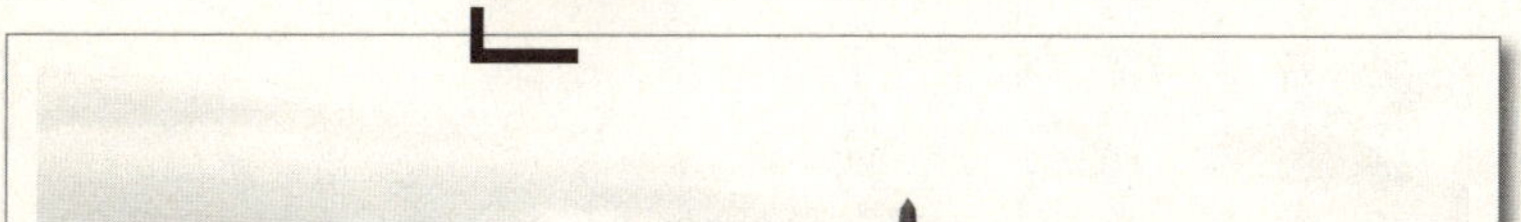

30

観光意欲は低くてもいいのだ

観光は好きだが、こだわりはない。

ガイドブックなどで紹介される「この街の必見スポット」を、生真面目に一通り回り尽くす、なんて行動は滅多にしない。飽きっぽい性格なので、似たような名所が続くと途中でパスしてしまうこともしばしばだ。

こだわりがないというよりも、得意ではないのかもしれない。

何か特定の観光スポットを見るのを目的に掲げる旅であれば、話は別だ。たとえば「マチュピチュを見たい」「モンサンミシェルを見たい」などと。見るためにお金や時間をたっぷり使って行くのだから、観光意欲は高くなる。

けれど僕の場合、何かを見たくて出かけていくことは少ない。欲ばりな旅行者なので、特定の観光スポットというよりは、訪れる国そのものが目的だったりするのだ。

訪れる国に何か有名な観光地があれば、一応は覗いてみる。有名でなくても、気まぐれで足を延ばしたりもする。なんとなく行ってみて、なんとなく見た気になり、帰ってくる。別に大したことはしていないのだが、本人がそれで満足しているのだし、誰からも文句を言われる筋合いはない。

そういう旅ばかりしているせいか、各国の思い出を振り返ると、印象に強く残っているのは観光地ではないものばかりだ。

たとえばベトナムなら、バッタの大群のように道路を埋め尽くすバイクとか。ジンバブエなら、一〇〇ドル両替したら両手で持ちきれないほどの札束になって戻ってくる現地通貨とか。ドイツなら、地下鉄の車内で瓶ビールをラッパ飲みしている美女とか。ブラジルなら、親指を立てて突き出す陽気な挨拶の仕方とか……キリがないのでこの辺にしておくが。

つまり、有名な遺跡やら教会やら美術館やらを語る資格は僕にはないわけで、本章は「観光」と謳《うた》っているが、ためになるウンチク話などはしないし、そもそもできないのだと最初にお断りしておきたい。

あと、そうだ。バックパッカーの中には観光地や、喜んで観光地ばかり巡る旅人を、ある種見下した視線で語る人たちがいるけれど、そういう発想ではないことも念のため付け加えておく。どこへ行こうがその人の勝手だと思うので。

31

予定はあくまでも予定とする

現地に到着して、さあどこへ行こうか、と頭を悩ますあの瞬間が至福の時である。忙しない日程の旅だと、到着前から回る場所などを一応なんとなく決めたりもするが、一応なんとなく決めただけなので、臨機応変に予定はええいっと変更してしまう。

良く言えば自由気儘、悪く言えば行き当たりばったり。

予定に行動が縛られるのは嫌だし、予定が決まっているとそれを消化することが目的になってしまい、何しに来たのか分からなくなるという、あべこべ現象に陥りがちだ。本能の赴くままに行動するのが吉と出る。

一度決めたはずの予定をダイナミックに覆した話を一つ紹介する。

世界一周していた頃、ニューヨークからメキシコに飛んだ。陸路移動を中心とした旅だったから、空路でびゅんと飛ぶのはそれなりの出費を覚悟し、気合いを込めたうえでの移動だった。

「いよいよ中米、そして南米が近づいてきたねえ」

サンフランシスコからニューヨークまで、大陸をレンタカーで横断ドライブするなど、遊び尽くした感のある北米に別れを告げ、大いに期待を抱いてメキシコシティに降り立ったのだ。ところが、空港の外に出てあれっと首を捻《ひね》った。

「さ、さむいぃぃ……」

メキシコシティは予想外に寒かったのだ。

一〇月下旬のニューヨークは、すでに東京の真冬並みの気温で、凍えるような寒さに四苦八苦する日々が続いていた。翻ってメキシコと言えば、陽気なラテンの国を勝手にイメージしていた。そして、陽気なラテンの国がまさか寒いなんて想像できなかったのだ。メキシコシティは標高が二〇〇〇メートルを超える街だから、気候は決して南国ではないのだが、暖かいに違いないと盲目的に思い込んでいた。

勝手に思い込んでやって来たのだから自己責任である。でも、どうにも釈然としなかった。仏頂面になった。寒さから逃れられる！　と鼻息も荒くやって来たのに……。

予定を変更することにした。到着した足で空港内の航空会社カウンターへ行き、その日出発するメキシコ国内線のチケットを購入した。一人一〇〇ドルぐらいはしたが、背に腹は替えられない気持ちだった。メキシコ最大のリゾートであるカンクンに飛んだら、長袖だと暑くていられないほどで、たちまちニヤケ顔に変わった。

旅するうえで気候は何より大事である。しかし、ここで言いたいのはそういう話ではない。状況に応じて、柔軟に対応するということだ。予定を組んでいたとしても、必ずしもそれに準ずる必要はないし、現場判断を大事にしたい。

現地で知り合った旅行者からクチコミで聞いて気になったところへ行ってみたり。連泊するつもりだったけど、イマイチ面白くないので一泊で切り上げたり。予定はあくまでも予定にすぎないのだ。本能まかせ、風まかせなのである。

32 重視すべきは効率よりも本能

うちの奥さんなどは、僕以上に本能の人である。旅の予定をコロコロ変えてしまうから、一緒に旅すると「おいおい」と突っ込みを入れたくなることもままある。でも、たぶんその方がいいのだ。行きたい場所へ行って、食べたいものを食べればいい。

長旅をしていた当時、ルートを決めるのに夫婦間の意見がまとまらないことがしばしばあった。

たとえば東南アジアから中国へ入り、次はどこの国へ抜けるかという問題。ヒマラヤを越えてネパール、インドと進む方法と、新疆《シンジャン》ウイグル自治区の西の果てからパキスタンへ出る方法の二つの選択肢が浮上していた。話し合いの末、前者の方法を採用し、まずはチベットへ向かうことに決まった。ここまでは良かったのだ。

「でも、私ウイグルにも行きたいなあ」

奥さんは諦めきれていないようだった。

チベットへは青海省《チンハイ》のゴルムドという街から南下するのだが、そこからウイグルのカシュガルまでは列車で軽く三〇時間はかかる。単純往復して同じ道を行って帰ってくるのもつまらないし、遠回りどころでは済まなくなる。

「どっちか一方にした方がいいんじゃない？　欲ばりすぎるのも良くないよ」

この頃の僕は一筆書きのルートにこだわっていた。ウイグルに行った後で、戻ってきてチベットへ向かうのは非効率極まりないプランに思えたのだ。

すったもんだの末、奥さんの希望に僕は従った。片道三〇時間を超える距離を往復し、ウイグルもチベットも両方訪れた。結果、ウイグルの旅は中国の中でも際立って印象深いものになった。

かつては東トルキスタンという名の国家であったウイグルは、中国に併合されて以降、一自治区の扱いになっている。民族や文化、生活習慣、宗教まで何もかもが異なるエリアなのだ。チベットも同様なのだが、「ここが中国？」と世界の矛盾を垣間見た気になったのは、いい経験だ。

また同時に、効率の良さを追求するのも善し悪しがあるのだと、学ぶきっかけにもなった。本能に従ってみるのも一つの手なのだ。ちなみに最近は、夫婦間で意見が割れたら別行動を取ることも少なくない。

33 記念写真の撮り方は中国人に学べ

その街の見所を知る方法の一つとして、ポストカードの絵柄を参考にするのはちょっとした小技だ。土産物屋などで売られている、絵はがきである。ラインナップを一通り眺めてみると、その街で見るべき名所やランドマークがざっくり把握できる。

そうして気になった場所へ実際に足を運ぶ。行き方が分からなくても、店の人などにポストカードを見せて聞けば済む。

ガイドブックがあれば、主な名所はだいたい載っているという意見もあるが、写真好きとしては、ポストカードから着想を得ると外れが少ないような気もする。写真映えしそうなスポットを狙いたいからだ。

観光地へ行くと写真を撮る人は少なくない。僕も撮る。水を得た魚のように興奮して撮って撮って撮りまくる。観光地によって撮る枚数に違いはあれ、やはりどうしても撮りたくなる。カメラを忘れたり、バッテ

リーが切れたり、メモリーカード容量がなくなったりした日には、たぶん発狂するだろう。

記念写真なんて小賢しいものも、もちろん撮る。恥ずかしいポーズだって遠慮なく決めてみせる。ヴァチカンに行った時には、両手を斜めに上げて身体でVの字をつくり、写真に収まった。「Ｖａｔｉｃａｎ」のＶである。その後カナダへ行った際にはＣの字も決めてみた。シャッターは通りすがりの人に押してもらうのだが、旅は一期一会である。旅の恥はかき捨てである。

いい歳して……と鼻白む人もいるかもしれないが、そういう人には中国人観光客を見習って欲しい、と僕は言いたい。彼らはとても素直だ。片膝を立て、片手を腰に当て、もう片方の手でピースを決める。中年のおっさんでもそれぐらいはする。

若い子たちはもっと強烈だ。ボー立ちして写る人なんてむしろ稀少。まるで映画スターのブロマイドのように、斜め上を見上げたり。カップルともなると、いきなり見つめ合うポーズを取られ、シャッターを押すこちらが赤面してしまったこともある。最近はどこへ行っても中国人だらけなので、我が家でも記念写真の撮り方の参考にさせてもらっている。

最近のデジカメには、笑顔認識機能というのが搭載されている機種がある。顔認識機能はだいぶ一般的になってきたが、あれを発展させたものだ。人間の笑顔をカメラが認識すると、自動的にシャッターを切ってくれる。どういう場面で使うかというと、僕は記念写真を撮る際に重宝している。夫婦二人旅や、一人旅でも手軽に自分撮りができるのはかなり画期的なのである。

とはいえ、誰かに撮ってもらう方がやはり多い。その際、誰にお願いするかは大きな問題だ。写真は得手不得手がある。

パシャリと撮ってもらい、「サンキュー」とお礼を言って、カメラを返してもらう。どきどきしながら再生ボタンを押すと、目をつぶっていた、なんて失敗は珍しくない。目はつぶっていなくても、期待したような写真が撮れていなくてガッカリさせられた経験は誰しもあるだろう。

とくに欧米人に頼んだ時に起こりがちなのが、人間はきちんと写っているけれど、人間しか写っていないケース。文化の違いなのだろうか。背景の観光スポットが切れてしまったら、記念写真の意味がないと思うのだが、非常によくある失敗パターンだ。

頼む時には、なるべく写真が上手そうな人を選ぶのは鉄則だろう。首から一眼レフをかけて鋭い目つきで被写体を探している人なんかがいたら超ラッキーだ。そうでなくても、「これこれこんな感じでお願いします」と、液晶モニタ上でアングルの指示まで出すと失敗確率は下げられる。図々しく頼むべし。しつこいようだが、旅の恥はかき捨てである。

34

地下鉄へ乗るだけで観光気分

なんでも写真に収めたがるのは、いかにも俗っぽいなあと自覚しているが、観光地の写真は記念にこそなれ、思い出には残りにくいような気もする。写真には残っていない瞬間にこそ、旅のハイライトが詰まっていることも少なくない。

ハイライトなんて言うと大げさか。細々とした驚きや発見の積み重ねが旅の醍醐味なのかな、といったことを述べたいのであった。

異国の街で地下鉄に乗るシチュエーションなんかは、分かりやすい例になるだろうか。単にそれだけの行為なのに、実に様々なドラマがある。宝庫と言ってもいい。

まず切符の買い方が分からなくて、おどおどしてしまう。窓口で目的地を告げると、発音が違うのか通じなくて途方に暮れる。自動券売機で、お金を入れたのに切符が出てこないなんてこともある。券売機が壊れているのだ。これはヨーロッパに多い。

ヨーロッパに多いと言えば、券売機に犬のマークのボタンがあったりする。犬を連れて乗れるなんて、進んでいるなあと感心させられる。

切符の形状も色々だ。日本と同じような小さな長方形の紙きれのこともあれば、カードタイプもある。コイン型のトークンも、近頃はあちこちで市民権を得ている。チャージ式で繰り返し使える切符や、一日乗り放題券なんてものも見かける。シンガポールなんかは複雑で、切符自体にデポジットを支払う仕組みになっていて、初めて訪れた時は頭が混乱した。

無事切符を手に入れて、電車に乗るまでもちょっとした冒険である。自動改札のどこに切符を入れればよいのか分からず、立ち往生してしまう。隣の人を見ると、かざして通過していたりして、なるほどと得心する。

自動改札が閉まるのが速すぎて詰まってしまったり、後ろの人がなぜか背中にぴったりくっついてくることもある。職人技のような巧みなキセル技術に目を瞠る。対して駅員も黙ってはいない。険しい目つきで乗客をチェックしている男と目が合って、何も後ろめたいことはしていないのに冷や汗をかく。そういやウズベキスタンの首都タシケントの地下鉄では、呼び止められて、パスポートの提示を求められた。賄賂《わいろ》を毟《むし》り取られると聞いていたので、しまったと心の中で舌打ちした。

ヨーロッパだと、改札自体が存在しなくて、知らないと焦る。ホームに置かれた検札機に切符を自分で通しておかないといけないのだ。これを怠ると、運が悪いと高額な罰金を科せられる。知らなかったでは済まないので、油断も隙もない。

ホームへ下りるエスカレーターに乗ると、進行方向の左右どちらに寄ればいいのか戸惑ってしまう。東京は左で大阪は右と、我が国の中だけでも文化が異なるぐらいだから、外国になると想像もつかない。

ほかの人がどちらに寄っているかを見て真似することになるのだが、左右どちらに寄るにしろ、反対側を駆け足で追い越していく人がいなくてあれっと首を傾げる。左右両方にばらけて寄っていて、追い越しを想定していなさそうな光景にも目を瞬かせる。そうか、世界の人は、日本人のように忙しなくエスカレーターを歩いて上り下りする習慣はないのだ、と我が国の非常識ぶりを学習する機会になる。

ホームに電車が入ってきて、いよいよ乗り込む段になっても、異文化の洗礼は待ち受けている。乗客が降り終わってから乗るのではなく、ドアが開いた瞬間に乗り込もうとするから、混雑していると軽いパニック状態に遭遇する、なんて非効率でマナーのなっていない国も決して珍しくない。

乗ったら乗ったで、観察のしがいはありまくりだ。携帯電話で大声で話している人や、ヘッドホンをせずに音を鳴らしながら携帯ゲーム機でピコピコ遊んでいる人など、日本の地下鉄では見かけない珍客が目白押し。突如大道芸人が乗ってきたり、カンパを募られることもある。

車内に掲げられた禁止事項なんかをボーッと眺めているだけでも面

白い。車内で飲食すると罰金という国は非常に多い。ニューヨークの地下鉄で、ラジカセ禁止の表示を見た時にはしみじみ感動した。

これまでに最も手痛かった失敗というか失態は、エジプトのカイロの地下鉄だ。何をやらかしたかというと、乗ってはいけない車両に乗ってしまったのだ。

そう、女性専用車両だった。

エジプトはイスラム国である。ハッと気がついた時には血の気が引いた。悪気はなかったのだ。知らなかったのだ。言い訳しても許される雰囲気ではなかった。スカーフを頭に巻いた女性たちの、あの冷たい視線だけは忘れられない。

——とまあ、地下鉄だけでいくらでも思い出話ができてしまう。一つ一つはささやかなものなのだけれど、見聞を広げられるのはむしろそういったささやかな出来事なのかな、と偉そうなことを書いてみたかった。

35

歩きがいのある街を探せ

観光地巡りに重きを置かないとなると、何をするのか、という話になる。極端なことを言えば、「何もしない」でもぜんぜんオーケーだと僕は思う。外国に身を置くだけでニヤッと笑みが零れてしまうのだ。

でもそれだと極端すぎるのも確かなので、あえて具体化してみる。「散歩」などは、最も有力な答えになるだろうか。普段日本で暮らしている時は、極力歩数を減らそうと画策する怠惰な人間なのだが、旅に出ると歩く意欲がむくむく湧いてくるから不思議だ。それに歩くだけなら、お金もかからない。

歩く際は、地下鉄の駅一区間とか、自分の中である程度目標を設定するとケジメがついて良いが、無目的になんとなく歩き始めてみるのも楽しい。別に観光地でも何でもない単なる路上なのに、心を揺さぶられる瞬間と遭遇したりする。

だから、僕は歩きやすい街、歩きがいのある街はとくに好みだ。そういった傾向の強い場所も旅を重ねるうちに分かってきた。

最上級となるのは、ズバリ「古都」である。昔ながらの街並みが残っていて、歴史を感じさせるようなところ。そういう場所は世界遺産なんかにも登録され観光地化していたりもするのだが、地元の人たちの暮らしが残っていて、観光客と上手く共存できている街なら居心地は悪くない。

一国の首都のような都会であっても、新市街ではなく旧市街へ行くと、ゆるゆるとした空気が漂っていて散歩向きだ。例を挙げるなら、チエコのプラハとか、クロアチアのドブロブニク（首都ではないが）とか。中欧は美しい古都が盛り沢山で、散歩派の旅人にはたまらない。

欲を言えば、今も民族衣装を着た人たちが街中を闊歩《かっぽ》しているようなところはより琴線に触れる。民族衣装着用率の高さを条件に加えると、理想の古都は絞られてくる。これも例を挙げてみると、ペルーのクスコとか、中国の麗江《リージャン》とか。

さらに欲を言えば、碁盤《ごばん》の目のように綺麗に区画整理されたところではなく、道が複雑に入り組んでいる街だと、もう満点を上げたくなる。くねくねしてどこへ通じるのか想像もつかない道を歩き、時折現れる階段を上り下りする。目抜き通りと言うには細すぎる道の両脇に立錐の余地もないほどに露店が並ぶ。子どもの頃に流行った迷路を思い出すが、ああいう人為的に作られた稚拙なものではなく、街がリアルに迷路化しているようなところ。そんな街あったかなあと記憶の糸を手繰《たぐ》り寄せてみる――。

――あった。モロッコのフェズ。

フェズはとてもいい。メディナと呼ばれる旧市街は、まさしく迷路だ。あんなに歩いていて興奮する街はほかにない。油断するとロバに轢《ひ》かれそうになったり、スリに狙われたりと、適度な緊張感を伴うのもいい。

イスラム国の古い街は、総じて道が入り組んでいるが、フェズは群を抜いている。一説によると、世界最大の迷宮都市らしいのだが、実際行ってみて納得した。

あの街で迷わない人がいるのか、と訝《いぶか》しみたくなるようなところだ。自分で言うのも烏滸《おこ》がましいが、僕は方向感覚には自信がある。一度行ったところなら、ほとんどの場合、地図なんか見なくても辿り着ける。しかしフェズだけは例外で、一度行ったところはおろか、二度行ったところですら、再び戻れなくなった。

驚かされるのは、あれほど複雑怪奇に込み入った街なのに、途方に暮れて誰かに道を訊ねると、サラッと何でもないことのように教えてくれることだ。どうやら迷宮で生活していると、方向感覚も良くなるらしい。「あっちだよ。CD屋の角を曲がったところ」なんて風に教えてくれる。教えてもらったのに、目印のCD屋がまさか露店とは思わず僕はさらに迷ったのであるが……。

フェズには一応モスクや、皮をなめす工房といった観光的見所もあるのだが、それらはむしろ気分転換といった感じで、滞在時間の九割以上は散歩に費やしてしまった。一度歩き始めると、宿に戻ってくるのも難儀する。出発前は必ずトイレに寄った方がいい。

古都ほど、そぞろ歩きが似合う旅先もないと思う。そして、歩きがいのある街マイナンバーワンはフェズであると、とりあえずは結論づけておく。

36

自転車&バイクで目線を変える

いくら旅先では歩くのが好きとはいえ、脚力が突然変異で倍増するわけでもない。歩いて回れない規模の街となると、何かしらの乗り物に頼ることになる。

タクシーにお世話になることも多いが、自力での移動にこだわりたい局面もある。そうするとレンタカーやレンタバイク、レンタサイクルなどという選択肢が浮上する。レンタカーは、街から街への移動を兼ねる旅に向いている。たとえばアメリカを横断したり、オーストラリアを半分縦断するのにレンタカーを利用したことがある。荷物もほぼ積み放題だし、移動手段として考えると悪くない選択肢だ。

しかし、日帰りのエクスカーションなどでは、あまりレンタカーは利用したことがない。どこかの街に滞在しながら、街の中や近郊を見て回るというシチュエーションだ。そうなると、バイクや自転車の方が手軽で小回りも利く。

自転車で旅している人に何度か会ったことがある。旅人用語で言えば「チャリダー」というやつだ。彼らは呆れるほどに逞《たくま》しい。標高四〇〇〇メートルを超えるチベットの高地でもすれ違った。自転車で世界一周している猛者《もさ》も結構いて頭が下がる。

言うまでもなく、体力も度胸も冒険心もない僕には、とてもそんな真似はできない。旅先で自転車に乗るといっても、安全なところをぶらぶら散策するだけだ。自転車散歩のことを「ポタリング」と呼ぶらしいが、まさにそんな感じである。

それでも、僕自身は満足している。異国の地をきこきこ漕いで回るのは、ゆるい旅なりに達成感を味わえるのだ。

日本国内旅だと車に自転車を積んで行ったりもするが、外国だとそうはいかない。マイ自転車を持ち込むのは不可能ではないものの、面倒すぎるので、さしあたってはレンタサイクルを借りることになる。世界のあちこちで借りられるので、重宝している。免許証が要らないし、費用も安く済む。宿で貸してくれることもあるし、観光客が集まる街なら貸し自転車屋の一軒ぐらいはたいてい見つかる。

ネパールへ行った時のことだ。運悪く強制ゼネストに遭遇してしまった。

二〇〇八年に王政が廃止されて以来、ネパールは政情が安定しておらず、「バンダ」と呼ばれるゼネストがしばしば実施されている。バンダ期間は、全ての店がシャッターを下ろし、交通手段も完全にストップしてしまう。バスは走っていないし、飛行機も飛ばない。どこへも行けなくなるのだ。そんなことは知らずにカトマンズを訪れた僕は、途方に暮れてしまった。

仕方ないので、レンタサイクルを借りてみた。自力で近郊の街を見て回ることにしたのだ。そして、この選択が大正解だった。

街をほんの少し出るだけで、景色が一変した。陽光が葉叢《はむら》を照らす緑豊かな山道をきこきこ抜けると、棚状に開墾された田園地帯が広がった。ネパールという国自体、世界的に見れば田舎国家だが、首都だけあってそれなりに都会の薫りもするカトマンズと比べても、同じ国とは思えない田舎ぶりだった。

顔よりも大きなサイズの荷物を頭の上に載せて歩いている女性たちとすれ違った。外国人が物珍しいのか、小さな子どもに握手を求められたりもした。誰かと目が合うと、「ナマステー」と声を掛けてみる。すると、素朴な笑顔で「ナマステ」と返してくれる。

災いを転じて福となす——。外国での自転車旅というと、真っ先にヒマラヤの山々に囲まれたあのネパールの大地を思い浮かべるのだ。

レンタバイクの話に移る。レンタバイクの旅に関しては、振り返る度に恐ろしく、そして忌々《いまいま》しい心境に陥る、苦いエピソードがある。もう時効だと思うので書いてしまおう。あれはプーケットでのことだった。

普段からあまりリゾートへは足が向かないタイプだが、たまに行くと自分がいかに向いていないかを思い知らされる。リゾートに来ても、ついあちこち出かけてしまうのだ。じっとしていられない性格とリゾートは親和性が低いようだ。

プーケットではバイクを借りて、島をぐるりと走り回ってみようと思いついた。じとっとした湿度の高い南国だから、風を切って走るのは実に爽快だった。あの島にはさほど観光すべきスポットもないのだが、海を横目に見ながらツーリングするだけでも夢見心地に浸れた。一六歳の時に免許を取って初めて単車で湘南まで遠征した青春時代の、青臭い記憶が頭をもたげた。

けれど、災厄は予期せぬところで襲いかかる。

ピーッ――笛の音が鳴ったのは、確かロータリーを通りかかった時だったろうか。続いて制服を着た男がサッと現れ、僕のバイクの行く手を阻んだ。

「停まりなさい」そう身振りで指示された。

バイクを路肩に停めると、男が駆け寄ってきた。帽子をかぶり、マッカーサー元帥がしていたようなサングラスをかけている。軍人さん？と最初思ったが、仰々しい制服は警察官のもののようだった。「POLICE」という文字が目に入った。

男は僕の頭を指差して何か言った。英語は喋れないようだが、鈍感な僕でも何が言いたいのか理解できた。

――ヘルメット。そう、僕はノーヘルだった。日本ならあり得ないが、外国ではヘルメットを着用せずに乗るなんて割とよくあることで、気にも留めていなかった。それに、レンタバイク屋で借りた際、ヘルメットのことは何も言われなかったのだ。こいつはマズイことになった。どうやってこの場を切り抜けるか……。

男は用紙に何かを書き始めた。切符を切られる？　僕は慄然《りつぜん》とした。

「――ノーヘルが駄目なんて知らなかったんです」

必死に英語で説明を試みるも、通じていないのか、通じていても無視を決め込んでいるのか、男は取り合ってくれない。

「パスポー」と男は言った。パスポートを出せ、ということだろう。言いながらも、切符らしき用紙にペンを走らせている――。

ん？　ここで僕はふと違和感を覚えた。よく見ると、男の動作が緩慢《かんまん》なのだ。文字を書くスピードがやけに遅い。さらに注意深く観察すると、サングラスのせいで表情は見えないものの、顔が落ち着きなく左右を行ったり来たりしている。ちらちらと周囲を窺《うかが》っているそぶりなのだ。

……なるほどね。僕はようやく腑に落ちた。この雰囲気は心付け、つまりは賄賂を期待しているのだろう。罰金という名目で取り上げながら、結局はこの男のポケットに収まるお金。これも日本ならあり得ないが、外国ではよくあることだ。

果たしていくらで納得してもらえるだろうか。一〇〇バーツ？　そんな端金《はしたがね》で解放されるようにも思えない。五〇〇？　いや一〇〇〇は必要だろうか。そもそも、払うべきなのか。罰金……ではなかった、賄賂なんて払うのは悔しすぎる。

その時だった。別のバイクが後方からやってきた。警官の男は一瞥すると、僕にしたのと同じように脇に停めろと身振りで伝えた。白人の若者が乗っていた。ヘルメットはかぶっていない。どうやらカモがさらに増えたらしい。

白人の男はなんだなんだという顔をしながらも、バイクを停めた。きょとんとしており、まだ状況が摑《つか》めていない様子だ。警官の男は、僕にここで待っていろと手振りで指示を出し、白人のバイクの方へ向かった。

ピコンと自分の頭の中で音が鳴った。千載一遇のチャンス到来！

僕は右手のスロットルを少しずつ捻っていき——ブレーキレバーをパッと離した。バイクが発進する。アイドリングが安定してきたところで、さらにスロットルを力一杯捻り一気に加速した。サイドミラーが付いていないので、おそるおそる後ろを振り返った。追いかけてこなかった。最初の交差点を左に曲がった。もう一度振り返って、追っ手がいないことに心底安堵した。

逃走成功。災いを転じずとも強引に福とする——。

からくも難を逃れた後、街を改めて見回すと、ノーヘルで走っているバイクだらけだった。一台のバイクに三人も四人も乗って、全員ノーヘルなんて家族も見かけた。網を張って外国人ばかりを狙っているのだろうか。とはいえ冷静になってみると、違反かそうでないかは関係なく、安全のためにもヘルメットはかぶった方がいいだろうと自覚する。心配なのは、あの白人の若者だ。僕が逃走したせいで、余計なとばっちりを受けていたらと想像すると、申し訳ない気持ちになるのだった。

37

異文化を知る前に日本を知るべし？

明確な目的もなく、特別なことは何もしない旅を礼賛《らいさん》するようなことを書き綴ってきた。別に観光地を巡るのだけが観光ではない。観光の形も様々なのだ。ここまでの内容を要約するなら、つまりはそういうことになるだろうか。

そしてさらに付け加えると、いかなるスタイルで旅をしようとも、根底にある動機は変わらない。僕の場合には、異文化への興味だ。知りたいから、この目で見たいから出かけていく。その場所に身を置くことに価値を見出す。すなわち海外旅行そのものが目的と言えなくもない。

もちろん、ちょろっと見ただけで、異文化を知った気になるのも……という自覚はある。でも、行ったことで少しでも理解は深まるし、納得できるようになる。ニュースの報道が事実とは限らない。美しい写真に憧れて訪れたら、実物はしょぼかったなんてことも。あえて極端な定義付けをするなら、観光とは確認作業でもある。

ガイドブックをぱらぱらめくっていると、その国の基本情報が目に留まる。巻頭にまとめられていることが多いが、ガイドブックによっては巻末や、付録に記載されていることもある。位置は兎も角、必ず載っている。僕自身もガイドブックを製作した経験があるが、基本情報だけは絶対に入れるようにした。

基本情報とは、その国の人口や面積などだ。通貨単位や、日本との時差といった旅人なら必須とも言える情報や、宗教、民族構成なども定番だろうか。ガイドブックに限らず、たとえばパッケージツアーであれば、旅行会社が用意するレジュメに記載されていたりもする。要するに、その国を訪れるに当たって、最低限知っておいた方が良い情報ということだ。

僕も海外旅行に出かける時はいつも真っ先に目を通す。付け焼き刃な知識にはすぎないが、いざ行くことが決まると、途端に自分が当事者化して関心が募る。

——面積の割には人口が多いな。

漠然とではあるが、基本情報を糸口にして想像をさらに膨らませる。些末《さまつ》ながらもその国に対して予備知識があると、旅に厚みが増すのは間違いない。

現地の人や、他の国からの旅行者と会話をする際、そういった基本情報が、会話のきっかけになることはとても多い。打ち解ける前段階ならば、共通の話題としては最も無難なものになるからだ。

現地の人だったら、しっかり予習してあれば難なく対応できる。余所の国の旅行者でも、話し相手の出身地に関する知識があると話が弾む。「以前に行ったことがありますよ」なんて言おうものなら、相手も相好を崩してくれるはずだ。現地人にしろ、外国人にしろ、自分の国に関心を持ってくれていると分かると、それだけでも好意的な目で接してくれる。

しかしここで油断してはいけない。こういった会話になると、逆に質問を向けられる可能性は高い。自分のことなら問題ないが、日本に関する質問は要注意なのだ。

例として、ありがちな会話を一つ紹介しよう。

「どこから来たんですか？」

「日本です。東京からです」

「へえ東京かあ。ビッグシティですね。何人ぐらい住んでいるんでしたっけ？」

「えっ、ええと何人だったかな。一千万ぐらいか。英語だといくつだ……テンミリオン？　そう、テンミリオンです」

かろうじて答えられただけでも御の字だろうか。東京都の人口は増加を続けており、二〇〇九年には一三〇〇万を突破している。「テンミリオン」だと厳密には正解とは言えないのだが、知らないと一千万都市のイメージから間違った情報を語ってしまう結果になる。旅先の基本情報は一夜漬けで頭に入れるのに、我が国のことを知らないなんて本末転倒も甚《はなは》だしいのだ。

日本は島国だからか、外側に目が向いていない人も珍しくないが、海外に出ると事情は異なる。日本人が驚くほどに、日本のことに詳しい外国人にもよく出会う。そういえば震災後の旅では、津波や原発のことを頻繁に尋ねられるようにもなった。今や東京の次に世界で有名なのは大阪や京都よりも福島、いやFUKUSHIMAだったりもする。あまり迂闊なことは言えないのだ。矛盾した情報でその場を取り繕ったとしても、いずれきっとボロが出てしまう。

旅先の基本情報を予習する前に、今一度日本の基本情報をおさらいしておきたい。どちらも最低限必要な情報だが、優先順位が高いのがどちらなのかは言うまでもない。旅の恥はかき捨てとはいえ、日本人が日本に対して無知というのはかき捨てするには恥ずかしすぎる。自戒の念をたっぷり込めつつだが、僕はそう思う。

38

時差ボケに翻弄されないために

マイアミ行きの航空券を予約しようとしたら、頭がこんがらがった。日本からマイアミまでは直行便はなく、北米のどこかの都市を経由しなければならない。

行きは、日付が変わって金曜〇時半に羽田を出てロスを経由する便を選択した。ロスに着くのは前日木曜一八時四〇分になる。過去にタイムスリップする形なのだ。言うまでもなく時差のせいなのだが、分かっていてもあれっ？　となる。

アメリカの航空会社のサイトで予約を行ったら、〇時半が「AM12:30」と表示された時点で、早くも戸惑った。普通は「AM00:30」もしくは「24:30」となるはずだが、アメリカでは「AM12:30」が普通らしい。そうなると、日本の表記がむしろ普通じゃないのかもしれない。

最終的にマイアミに到着するのは金曜早朝五時頃だ。夜中に出て翌朝に着く形になるから、その日からフルに活動でき、実に効率の良い移動と言える。乗り継ぎも含めて約二〇時間も移動したというのに、なんともお得な気分である。

ところが、帰りの日程を見ると、今度は逆に大損した錯覚に陥る。

土曜夜七時にマイアミを発つ。国内線を乗り継ぎ、再びロスから羽田行きの便に乗る。日付が変わって〇時四〇分、アメリカ的に言えば「AM12:40」にロスを出て、羽田には早朝五時頃に到着する。夜中に出て朝着くのは、行きのスケジュールとほぼ同じだが、ここでウッカリしていると罠に嵌《は》まる。到着は日曜朝ではなく、月曜朝なのである。丸一日が、そっくりそのままどこかへ消えてしまう。

ロスと日本では時差が一七時間もある。さらに同じアメリカ国内でも、ロスとマイアミの間には三時間もの時差だ。それらをフライト時間に加算すると、余裕で一日以上が必要になる計算である。未来へのタイムスリップとも言える。

この時差のトリックには、何度北米に行き来しても慣れない。まるでヘッドホンのコードがぐちゃぐちゃになったかのように、頭が混乱してしまう。

しかも、これだけの時差がある移動を行うと、高確率で身体に変調をきたす。いわゆる時差ボケというやつだ。

ありがちなのは、アメリカに着いた途端眠くなるパターン。到着したら現地は午前中なのに、日本時間ではちょうど就寝の頃合いに当たるから、瞼《まぶた》が重たくなってくる。

対策として、機内で睡眠を調整すれば良いのだとよく聞くが、成功した試しがない。サンフランシスコでは、昼過ぎには立っていられないほどに眠くなり、ふらふらになりながら予定を切り上げてホテルに戻りベッドに撃沈した。ハワイでは、空港でレンタカーを借りたものの、ハンドルを握っているうちにうとうとしてきて……。危ないので、路肩に停めてやはり仮眠を取った。

本当は仮眠はしない方がいい。なんとか夜まで辛抱して起きていないと、昼夜が逆転したままで悪循環を繰り返す結果になる。サンフランシスコの旅はわずか三日間だったのだが、最後まで日本時間のサイクルのまま過ごしてしまった。

航空網が発達し、その気になれば世界中のどこへでも飛んで行けるようになった。けれど、時差を科学的に克服することはできていない。人間の力なんてちっぽけなのだなあと、地球の壮大さにひれ伏したくなるのだ。

39

現地の曜日感覚を身につける

ヨーロッパに関しては北米に比べればまだマシだろうか。ロンドンとの時差は九時間だから、北米の約半分程度。ヨーロッパの旅でも時差ボケに苦しんだことはあるが、こちらは機内できちんと睡眠を取れれば、それほどきつくはない実感だ。

時差もそうだが、注意したいのは曜日感覚だろう。旅先にいると「今日は何曜日だっけ?」となりがちだ。これは失敗の元である。

欧州の多くの国では、日曜・祝日は休む日なのである。観光地や一部の店舗を除き、基本的に商店のシャッターは全て閉まり、街は静まりかえってしまう。迂闊にも日曜に行動予定を立てていると、買いたいものは買えず、食べたいものが食べられない。東京で暮らしていると、休日でも何不自由ないが、同じ感覚でいると路頭に迷うことにもなりかねないのだ。

それにしても、ヨーロッパの人たちのあの割り切り方は、気持ちのいいほどだ。休む時はキッパリ休む。日本もかつては、休日は休む店がもっと多かった。それがいつしか、なし崩しになってしまった。競合相手が土日営業を始めたら、自分のところもやらざるを得ない。スーパーなども、都市部では朝早くから深夜まで営業していて、なかばコンビニ化している。正月は例外的にきちんと休業するところも多いが、それでも昔からすると大晦日や元日に営業してる店も増えた。大型店では元旦から福袋セール！　なんて大々的にやっていたりもする。

便利なのは有り難いけれど、僕は正直なところ疑問も感じるのだ。多少の不便は我慢して、みんなで一致団結して休もうという風潮になってもいいのに……。

話が脱線しかけたので戻す。イスラム圏の旅でも曜日の問題がまとわりついてくる。イスラムの国々では、我々とは曜日感覚が異なるのだ。休日は日曜ではなく金曜である。これも肝に銘じておいた方がいい。

とはいえ、ヨーロッパの休日のように、店があらかた閉まるほどではない。日本に比べたら休業率が高いのは言うまでもないが、食いっぱぐれる心配までは無用だ。

旅行者に直接かかわってきそうなのは、むしろ観光地だ。イスラム圏の見所といえば、筆頭はモスクや神学校といった宗教施設だが、金曜に訪れるスケジュールは組まない方がいい。敬虔なイスラム教徒にとって金曜は礼拝の日とされる。普段は一般開放しているモスクでも、金曜だけは異教徒の入場は禁止したりするのだ。

まだイスラム国の旅に慣れていなかった頃のことだが、ブルネイでまんまと金曜に遭遇し、モスクが全く見られないという悲しい事態に陥った。東南アジアの中でも小国のブルネイだから、たったの一日しか滞在予定を組んでいなかった。ブルネイには見所はほとんどなく、唯一と言ってもいいのがモスクだったのに。今思い出しても悔しさが募る。

ほかにも、その国ならではの独自ルールや生活習慣があったりする。スペインや、元スペイン植民地だった中南米ではシエスタという昼寝の習慣があって、お昼過ぎには揃って店が閉まる。イスラム国の断食月であるラマダンや、中華圏の旧正月など、定期的に実施されるイベント事にも旅人は影響を受ける。現地の平日と休日の区別、オフィスアワーの時間帯、連休の日程などは、極力意識したうえで旅に臨みたい。尤《もっと》も、そういった異文化にあえて触れてみるのもまた一興なのではあるが。

40 雨が降ったら潔く諦める

旅先を選ぶ際に雨の多い季節などはできるだけ避けるようにしている。幸いなことに、肝心な場面で天気に裏切られることは少なく、自分は雨男ではないのだと楽観的に構えてはいるが、それでも時には雨に降られたりもする。

台北をぶらぶらしていた時のことだ。ついさっきまでペンキをぶちまけたような青色に塗られていた空が、突如として雲に覆われ始めた。

「……こいつはひと雨くるかな」と眉根を寄せていると、やがてピチャッと冷たいものが頬を打った。ポツ、ポツと降り始めた雨は、一〇秒後にはポツポツポツと雨足を速め、一分後にはザーッと音を立てるほどの規模に変わった。

しまった、傘なんて持っていない。僕は慌てて、デパートに駆け込んだ。入口の庇《ひさし》の下に待避を完了した頃には、雨はグオーッと轟音を上げ、視界が白くなって交差点の先が見えないぐらいになっていた。

アジアではしばしば遭遇するスコールというやつである。こういう時は、じっと待つのが賢明なのだと体験的に知っていた。グオーッと降って地面を一通り水浸しにしたら、何事もなかったかのようにまたカラッと晴れるはずだ。

雨宿りか――。実に贅沢な時間だと思う。日本で忙しない日常を送っていると、運悪く大雨に降られても、立ち止まっている余裕はなかったりする。約束の時間に遅れてしまうからと、コンビニでビニール傘を買ったり、タクシーを止めたりしてでも、無理して先を急ぐ。仕方ないのだと自分に言い聞かせながらも、雨宿りもできない人生ってなんなんだろうと侘《わび》しくなり、ふと旅の空に想いを馳《は》せる。

狭い庇の下のスペースで身を寄せ合いながら、雨がやむのを一緒に待つ台北の人たちを観察する。近代的なビルが立ち並ぶその舞台は、東京とさほど違いはない光景に見えるのに、そこにいる人が醸し出す雰囲気は違ったものに感じられる。おろおろしている人はいない。中には手に傘を持っているのに、雨宿りを決め込んでいる人すらいて、軽いカルチャーショックを受ける。

急いだっていいことなんて何もない。彼らは知っているのだろう。

旅先で雨に降られるとテンションが下がる。濡れて風邪をひくのはナンセンスだし、写真を撮る意欲も減退する。そんな状況の中で、強引にでも予定していた訪問地を目指すべきなのか。それとも、諦めて予定を変更すべきか。滞在日数が限られた旅だと、雨ごときに振り回されている場合ではない、という意見もあるだろう。反論の余地はないし、僕もあまり無責任なことは言えない。

でも、考えて欲しい。折角日本ではない場所へ来ている。旅の空の下にいるのだ。行動を束縛する約束事がなく、自由を謳歌できる立場にいるのなら、天候には逆らわないという選択肢を検討する価値はある。忙しい日常を放り出してやってきた貴重な時間だからこそ、時には立ち止まってみても良いのではないか。身じろぎせずに悠然と構えている台北の人たちと一緒に雨宿りしながら、僕は物思いにとらわれた。

そういえば、キューバではこんなこともあった。

同じように、突然の雨に行く手を遮られた。同行の奥さん共々、やはり傘は持っていない。そもそも、旅行中は傘なんて持っていることは稀だ。

その場からすぐ近くに見えた民家の軒先に、取り急ぎで逃げ込んだ。トリニダーという世界遺産の田舎街を観光している折のことだった。台北なんかとは違い、なかなか来られないところだ。折角来たのに……僕はやきもきしていた。

すると、屋根を借りていたおうちのドアが突如開いた。ひょろっとした白髪のおじさんが顔を覗かせた。外国人の僕らが雨宿りしているのを見て、ハッとした表情を浮かべたが、次の瞬間にはニッコリ笑って何かを言った。言葉は分からなかったが、身振りから中へ入りなさいと促しているのだと分かった。

予期せぬ闖入者《ちんにゅうしゃ》と化した僕たちは、その家の中へ請《しょう》じ入れられて、さらに予期せぬ展開を迎えることになる。部屋の中央に無造作に置かれたイーゼルに目が留まった。床には剥《む》き出しの絵画が何枚も立てかけてある。おじさんは絵描きだったのだ。

トリニダーはかつて植民地時代に、砂糖の取引で栄えた街だ。当時の繁栄を偲《しの》ばせる古びた家々が立ち並び、街並みそのものが博物館のようなところである。おじさんのアトリエには、そんな麗《うるわ》しい街並みを描いた風景画が何枚も置かれていた。

雨のせいで、観光自体は不完全燃焼に終わったけれど、おじさんの風景画はその埋め合わせと言うには勿体ないほどの、強烈な思い出となって僕の心に残った。ようやく雨が上がり、おじさんにお礼を言って外へ出ると、さっきまで冷たいものを降らせていた雲の隙間から夕陽が茜色の光を放ち始めていた。

41

現地の人向け行楽地が面白い

「あそこは見るべきところは何もないよ」

バングラデシュの首都ダッカへ行くと義父にメールを送ったら、なんともつれない返事が戻ってきた。義父は仕事の関係で一年の半分以上を海外で過ごす生活を、もう何十年も続けている。最も身近で最も経験豊富な旅人の大先輩だ。

果たして行ってみると、忠告通りダッカは何もない街だった。東京の約四倍もの人口密度を誇るというこの都市は、道には人やリキシャーがひしめき合っていて騒々しい。空気は激しく汚れ、いるだけで疲れる、ストレスフルな街だった。

本当に呆れるほど見るところが何もなかったから、暇を持て余した僕は、街の外れにあるという動物園へ行ってみた。さして期待もしていなかったから、目玉動物のベンガルタイガーが、ごろんと眠りこけて身じろぎもしないでいるのを見てもガッカリしなかった。園内の整備具合がイマイチで、未舗装の道では砂埃がぼわっと舞い上がっているのを目にしても、まあこんなものだろうと諦めの境地でいた。

なんだか悪口ばかり書いているが、違うのだ。感想としては、むしろとても楽しげなスポットだったのだ。

園内は、平日だというのに大勢の人たちで賑わっていた。家族連れが多いが、若者の一団や、カップルの姿もちらほら見かける。地元の人たちの行楽地のようだった。

グリズリーの檻の前で写真を撮っていた時のことだ。周りにいた子どもたちが興味津々な様子で見守っていた。グリズリーを、ではない。僕のことをじっと観察しているのだ。

観光的には何もない国だから、バングラデシュを訪れる外国人旅行者が珍しいらしい。動物園の動物よりも外国人の方が稀少なのかもしれない。それにしても、素直な人たちだと感心させられた。みんな一斉にこちらを凝視していて、好奇心剝き出しなのだ。

遊びに来ている人たちだから、みんなカメラなんかも持っていて、「撮って下さい」と頼まれたりもした。シャッターを押してあげるのではなく、一緒に記念写真に写ってくれという申し出だ。突然自分が人気者になった錯覚がした。無論、錯覚にすぎない。動物園としては、あまり面白いところではないが、異文化交流ができ大変有意義な時間を過ごせたように思う。ちなみに先の義父からのメールには、「見るべきところは何もないよ」の後に、「人以外は」と書いてあったのだった。

バングラデシュに限らず、こういう現地の人向けの行楽地は総じて楽しい。動物園のほか、水族館や植物園なども同様だ。日本のものと比較すると設備や内容はパッとしなかったりするので、動物や魚や植物を目当てに訪れると不満に感じるが、その国の人たちの休日模様を垣間見られるのは、ありがたい遺跡や歴史スポットよりも時には興味を惹かれる。

遊園地なんかもオススメだ。ブルネイで遊園地へ行ったら、中へ入るのも、アトラクションに乗るのも、すべて無料という太っ腹で、恐れおののいた。産油国として潤ったお金で王室が運営しているのだと聞いた。儲《もう》かっているので、国民に還元しているというわけだ（改めて調べたら、現在では無料ではなくなったらしい。それでも、格安のようだが）。

南インドでは、ハイデラバードのインド映画テーマパークなんかにも行った。ユニバーサル・スタジオのインド版みたいな感じで、ハリウッドならぬボリウッド好きの聖地として、知る人ぞ知る一大行楽地になっている。井戸の中から音と共にマネキンがうわーっと出てくる、なんというか大雑把なアトラクションばかりなのだが、うわーっと出てくる度に狂喜乱舞しているインド人客に交じってみるのも、ほかではできない貴重な経験だった。

博覧会や展示会なども、偶然出くわしたらラッキーだ。バンコク滞在中、旅行博が開催されている広告を目にし、用もないのに出向いたことがある。完全にタイ人向けのイベントというか商談の場で、外国人の僕は浮きまくりだったけれど、パンフレットをたくさん頂いて、ほくほくになりながら帰路についたのを思い出す。

この話の流れでいくと、もう一つ忘れてはならないのは、スポーツの試合だ。アメリカではメジャーリーグを、ブラジルではプロリーグのサッカーの試合を観戦したことがある。メジャーリーグは、日本のようにかっせかっせと騒々しい応援をしないのだと知りカルチャーショックを受けたし、ブラジルでは身の安全を常に気にかけながらボールを目で追いかけなくてはならず、違う意味でもハラハラさせられた。

42

「旅先で髪を切る」という観光

こんなものまで「観光」の中に入れていいものかとしばし逡巡したが、この際えいやっと書いてしまおう。散髪の話である。

一〇代や二〇代前半までは、一丁前に色気づいて美容院通いをしていたが、最近は一〇分カットの店で済ませてしまうことも増えてきた。手軽だし、何より安い。カットだけなら一〇〇〇円ぐらいで切ってくれる。

しかし外国、とくにアジアだとさらにその半額以下、国によっては五分の一の料金で済むことも。日本の「QB　HOUSE」なんかも海外進出していて、タイやシンガポールで僕も行ったことがある。タイだと確か一〇〇バーツだった（現在はタイから撤退）。

値段的な魅力に加え、やはり外国で髪を切るという行為そのものが僕はとてもエキサイティングなことだと思っている。ちょっとした冒険と言ったら言いすぎだけれど、予定調和な観光旅行では味わえない異文化交流はクセになるのだ。僕にとっては、散髪も観光の一部である。

当然ながら、懸念すべき部分もある。その筆頭は、やはり言葉の問題だろうか。こちらのオーダーが上手く通じるか。でもまあ、よっぽど髪型にこだわりのある人でなければ、実際にはそれほど問題はない。

「今日はどんな感じにしましょうか？」

「ええと、全体的に二センチぐらい短くして下さい」

目的は一つなのだから、この程度の会話はジェスチャーでも十分通じる。英語が理解できる理容師さんなら、「トゥーセンチメートル」と言えばいいし、そうでなくても親指と人差し指の間を広げて、切って欲しい長さを伝えればまず分かってくれる。

人によって当たり外れはあるものの、高いプロ意識を持って対応してくれる人の方が多い。手先が器用な人が多い国では、むしろ日本で切るよりも安心して任せられる。向こうからしても、外国人の客を切るのはレアケースであるから、面白がってくれる人もいる。冗談を織り交ぜながら会話が弾んだりすると、それだけで印象に強く残るものだ。

時には意図したものとは異なる髪型にされてしまうこともなくはな

い。何の確認もなく、もみあげをバリカンでジョリッとやられ、泣きそうになったりもした。でも、それもご愛敬《あいきょう》だろう。「こんなはずじゃなかった」と後悔することは、別に日本の理容室でも起こり得る。失敗をネタにするぐらいのおおらかな気持ちで臨みたい。

例外的に、アフリカで散髪するのはよした方がよいかもしれない。アフリカの人たち、つまり多くの黒人の人たちは、我々と髪質が違いすぎるからだ。ちりちり頭しか切り慣れていないから、どう切っていいのか分からないらしい。

アフリカを旅している時に宿で一緒になった日本人旅行者（男）が、ある日髪を切ってくると言って出て行った。戻ってきた時には、なんとワカメちゃんカットにされていた。本人は半べそをかいていたが、宿のみんなで大笑いさせてもらった。彼が人柱を買って出てくれたお陰で、僕たちは同じ轍《てつ》を踏まずに済んだのだった。

43 外国だろうが口は災いの元

ニューデリー随一の繁華街コンノートプレイスでのことだ。僕は食事を終え、外で煙草を一服していた。インドでも今や飲食店は禁煙が主流で、吸いたい人は外に用意された灰皿を利用することになる。

「ハローマイフレンド」

突然、見知らぬ男に声をかけられた。フレンド？　そんなわけはない。この国では街を歩いていてナンパされるのにはもうだいぶ慣れた。一本くれと言われ、差し出す。

「ホテルはどこに泊まっているんだ？　俺がもっと安いところを紹介しよう」

案の定、客引きだった。ノーサンキュー、笑顔で断った。

「アグラツアーに行かないかい？」

「もう行ったから、いいよ」

「じゃあデリー市内観光はどう？　車で一日案内するよ」

「興味ないです」

手を替え品を替え、なかなか引き下がらない。渋谷のキャッチも顔負けのしつこさである。そのうち僕もうざったくなってきて、思わず「チャロ」という言葉が口をついて出そうになった。「あっちへ行け」という意味のヒンディー語だ。インドを旅する外国人には割とよく知られた言葉で、客引きや物乞いに辟易して追い払う際に使うらしいのだが、乱暴な語感は口にするには僕は抵抗があった。

実はトラウマがある。シンガポールのチャンギ空港で、僕と奥さんが動く歩道に揺られていた時の話だ。

「チャロチャロ」

後方からそんな言葉が耳に飛び込んできた。振り返ると、青年実業家風の若いインド人の男と、サリーではなく洋服をまとった若いインド人女性のカップルが、早足で僕たちを追い抜かそうとしていた。突如として渋滞に遭遇した時のような、苛立ちの表情を浮かべていたのが印象的だった。

大きな荷物を持って、二人で歩道を塞いでいた僕たちも良くなかったかもしれない。けれど率直に言って、なんだか嫌な気持ちにさせられたのだ。

忖度《そんたく》するに、恐らくそのカップルは僕たちに通じるとは思っていなかったはずだ。意思の疎通を図りたいなら、英語で言うべきシチュエーションである。焦っていてつい自国の言葉が出たのか、冗談半分で言ったのかは分からない。

でも、幸か不幸か、僕も奥さんもインド人ではないのに「チャロ」の意味するところを理解していた。そうか、言われた側はあまりいい気分はしない言葉なのか。僕は体験的に学習したのだった。

一方で、これは身につまされるエピソードでもあった。外国を旅していて、相手が分からないのをいいことに、同行者と日本語で悪口めいたことを言い合ったりするのはよくあることだ。

「このおじさんの服、すっごい派手だよね」とか、「親切なのは嬉しいけど、話が長すぎるね」とか。それまで英語で会話していたりすると、相手に眉をひそめられたりもする。ひそひそ話は、なんとなく伝わるものなのだ。

面と向かった状況でなくても、たとえばバスの車内などで、自分たちだけにしか通じない言葉だと安心し、日本語でべらべら話してしまう人たちがいる。油断していると、中には日本語が理解できる人が紛れていたり、現地人に見えるけど実は日本人だった、みたいなオチが待っていて冷や汗をかくことも案外多い。

口は災いの元である。外国だからと調子に乗って、迂闊なことは言わない方が身のためかもしれない。

44 英語力よりもコミュニケーション力

翻って、現地の言葉が分からないから、仕方なく日本語で済ますこともある。英語は僕もそんなに得意ではないので、ネイティブな人ばかりに囲まれると窮屈な感じがして、日本語が喋れる同行者とばかり話してしまったりもする。

我が家は夫婦でよく旅行するが、夫婦間の英語力の差が大きいのがささやかな問題だ。うちの奥さんは英語がたぶん得意な方だと思う。どこかへ留学したわけでもなく、旅を通じて身につけたものだと本人はサラッと言うが、同じぐらい、いやもしかしたら彼女以上に旅しているのに駄目夫はちっとも上達しない。

「フィリピンあたりに短期留学でもしようかな」

僕が冗談交じりにそんなことを口走ると、彼女は肩を竦《すく》めて諭してくれる。

「留学なんて無意味だと思うよ。そんなお金と時間があるなら、旅した方が遥かに勉強になるよ。日本人は言葉のコンプレックスが強すぎるんじゃないかな」

まるで自分は日本人ではないような言い方なのだが、彼女の場合、嫌みではなく、本気でそう思っている節がある。喋れる人からすれば、喋れないことがむしろ理解できないらしいのだ。

ただし現実問題としては、英語がさほど得意ではなくとも、旅はできる。得意な方がより楽しめるとは思うが、言葉を理由に旅を躊躇するほどの壁ではない。アメリカやイギリス、オーストラリアなど、英語を母国語とする国だと多少の試練は立ちはだかるだろうが、そうでないほとんどの国々では、僕たち同様に現地の人たちにとっても英語は母国語ではないのだ。大事なのはコミュニケーション力である。

僕の場合、とくにアジアでは、拙い英語でも堂々と会話ができてしまう。同じアジア人どうしだからなのだろうか。付け焼き刃で覚えた現地語を交ぜながら、適当に単語を並べ立てるだけで、コミュニケーション上の不便はあまり感じない。文法なんてめちゃくちゃだけれど、相手も結構適当だったりするからお互い様だろう。

シンガポールは多民族国家で、共通語として誰しも英語は話すが、独特の訛《なま》りがあって興味深い。イングリッシュならぬ、「シングリッシュ」などと時に形容される。特徴的なのは、語尾に「ラー」を付けることだ。「オーケーラー」とか、そんな風に使うのだが、語感が可愛らしく真似したくなる。余談だが、静岡でも語尾に「らー」を付けるのが方言なのだと出身者から聞いたことがある。「行くらー」などと言うらしい。なるほどなるほど、面白いのらー。

シングリッシュではほかに、「〜していい?」と訊く時に、「〜キャン?」で通じるのもユニークだ。英語の「ｃａｎ」である。例としては「写真を撮ってもいいですか?」は、「フォト・キャン?」でオーケーだ。いや、オーケーラー。答えはシンプルに「キャン」となる。人によっては「キャンキャン」と繰り返し、子犬の鳴き声のようで愛らしい。

世界の中でも英語が得意な国とそうでない国がある。ドイツや北欧の人たちは、ネイティブ並みに綺麗な英語を話す印象だ。アジアで英語が堪能なのは、フィリピン人やインド人あたり。ただしインドは、通用度は高いものの、訛りが強く慣れないと分かりにくい。ハムバルガルがハ

おそろしい南米の強盗たち
その1
ペルーのクスコにて
歩道が狭くなっているところに露店商が出ていた
前の人が突然立ちどまり
後ろの人が押してきた！
ポケットをまさぐられたので必死におさえた。
短時間勝負の手口なので しばらくすると あきらめてさりげなく去っていった
クスコは往来もはげしく
後ろの実行犯はわからずじまい
おそらくこのおばちゃんもグル・・・
その2
ボリビア ラパス
つばかけ強盗（未遂）
いきなり顔につばかけられた
手口としては次に声をかけて物を盗る
大丈夫？
さっ
知っていたので とにかく逃げた
うわー
おい・・・
すごく気持ち悪かった・・・！

ンバーガーのことだと理解するのに苦労したなあ。

外国語といえば真っ先に英語となりがちだが、世界には英語以外の外国語で通用性の高い言語がいくつかある。中でもスペイン語、フランス語、中国語などは、英語に次いで使う機会が多いだろうか。中南米はブラジルがポルトガル語であるのを除けばほぼスペイン語だし、西アフリカは旧フランス植民地が多くフランス語が必須だ。

また中国語がある程度理解できると、アジア圏の旅の幅が広がる気がする。とくに中国本国は、中国語が分からないと辛い。北京や上海レベルの都会であれば、英語や日本語でもなんとかなるが、田舎へ行くと未だに全く英語が通じなくて途方に暮れる。言葉が一切喋れないとなると、自分がまるで子どもになったようなもどかしさを覚えてしまうのだ。

日本人は漢字が読めるので、筆談で何とか意思疎通が図れる。悲惨なのは欧米人旅行者だ。アルファベットの国から来た彼らにとって、中国旅行はちょっとした冒険である。中国で知り合ったオランダ人は、トイレや水のイラストが描かれた絵札を持っていた。英語が通じない時はそれらを見せてアピールするのだそうだ。なんとも大変なのらー。言葉に苦労しているのは日本人だけではないのらー。

第五章

優れた「持ち物」が快適さを演出する

45

サンダルよりも靴を履くのだ

空港の免税店でスーツケースが売られている光景をしばしば目にするが、あれは一体誰が買うのだろうか。かねてより疑問に感じていた。

念のため補足すると、出国審査を出た後の免税店の話である。それより前の、空港内の免税ではないショップでも売られているが、あれはまだ理解できる。買ったスーツケースにその場で荷物を詰め、機内預けにできるからだ。すでにチェックインを終えた後の免税店でスーツケースを買う用途が、いまいち思い浮かばない。

お酒や化粧品、ブランド物などを買い物しすぎた人が、持ちきれなくなって仕方なしに買うのかなあ、とも考えた。あり得なくはないが、ごく少数派だろう。機内持ち込みするにはあまりに大きいサイズのものまで売られていて、謎は深まるばかりだ。

旅の持ち物について語るとなると、まず真っ先に取り上げるべきはスーツケースだろう。でも、これまでの著書で散々書いてきたことと重複しそうなので、今回はあえて別のものから始めたい。旅の持ち物の中で、重要度がとくに高いもの——。

靴である。何足も持っていくわけにいかないから、何を履いて行くかは大きな分かれ目だ。

僕はどちらかと言えば、東南アジアなど南国の旅が多い。だからといって、サンダルはまず履かない。靴派なのである。日本で最も有名な黄色い表紙の某ガイドブックには、靴なんて持っていっても履かなくなるからサンダルがベストだ、みたいなことが書かれていて驚愕するが、率直に言って僕はその意見には賛同しかねる。普段は長い物には巻かれがちだが、こればかりは譲れない。

ビーチリゾートが目的なら、サンダルは必須だろう。でも、それ以外の普通の街歩きや観光では、サンダルは長時間の歩行には向かないと思う。また雨季は道路に水溜まりができたりするが、サンダルだとぬかるみに足を取られて非常に歩きにくい。何を履こうがその人の勝手だけれど、少なくとも僕は靴をオススメする。

では、どんな靴が良いのか。うーむ、悩ましい。

優先すべき基準は、歩きやすいか否か、であることは間違いない。となるとスニーカーが良さそうに思えるが、あまりカジュアルすぎるものには抵抗感がある。ちょっときれいめのレストランなどに入る際に、いかにもなスニーカーだと気後れしてしまうのだ。逆に革靴などのフォーマルすぎるものも、仕事の出張等でない限りは仰々しい気もする。実はいまだ確たる結論が出ておらず、絶賛悩み中なのだ。

とりあえずは、カジュアルとフォーマルの中間ぐらいの靴で出かけることが多い。派手ではない、スニーカー寄りのトレッキングシューズとか。あえてブランド名を挙げるなら、コロンビアやティンバーランド、メレルなど。

男性視点で申し訳ない。女性読者のために、うちの奥さんに参考までに訊いてみた。

「うーん、人それぞれだけど、ヒールが高くない方がいいよね。フラットシューズとか、歩きやすいものかな。ヨーロッパの冬は冷えるので、冬ならブーツでも行くけど」

ちなみにスニーカーは履くが、僕と同様、きれいめのレストランでも浮かないシンプルなものを選ぶとのこと。いくら歩きやすくても、カジュアルすぎるのは抵抗があるのだそうだ。

旅先で靴を買うという選択肢もある。時と場合によっては、同じものを日本で買うよりも安く買える。サンダルなんかは、突如海へ行くことになり必要になったとしても、その場で手に入れれば済む。ますます、サンダルを持参する意味を感じないなあ。

ただし、旅先で履き物を買うのは諸刃の剣でもある。履き慣れないせいで、靴擦れを起こしてしまったら元も子もない。旅先で買った靴でなくとも、買ったばかりのおニューの靴で海外旅行へ行くのは、あまり感心しない。まだ旅を始めたばかりの頃、嬉しさのあまり靴を新調して出かけたら、見事に足が痛くなって、「旅の素人だねえ」と奥さんに馬鹿にされた。まあ、やりがちな失敗の一つだと思う。

46 忘れたらどこまで現地調達できるか

根がおっちょこちょいなので、旅に出る際もよく忘れ物をする。でも、それほど困ったことはないのも正直なところだ。忘れたことに気がついたら、大抵のものは途中で買い足せば済んでしまう。ないと困る必須アイテムなんて、突き詰めればパスポートとあとはお金やクレジットカードぐらいなのかもしれない。

もちろん、忘れ物はしない方がいいには決まっている。現地で買うにしても、無駄に時間やお金を取られてしまう。それに、一〇〇パーセント手に入るとは限らない。意外なものが意外と売っていなかったりする。

たとえばメキシコでは、コンディショナーが見つからなかった。同国第二の都市グアダラハラに滞在していた。メキシコシティに次ぐ都会であるから、まさか売っていないなんて思わなかった。コンディショナー入りのシャンプーすらない。スーパーや薬局、デパートなど手当たり次第探し回ったが、結局どこにも売っていなかった。

薬も、できれば日本から忘れずに持っていきたいアイテムだろうか。

個人的に忘れがちなのが、虫除けや虫刺され。とくに日本が冬の頃に熱帯の国へ行く際は要注意だ。出発前に近所の薬局へ買いに行っても、オフシーズンだからか種類が少ないし、値段も高い。

虫除けや虫刺されぐらいなら、現地でも簡単に手に入る。蚊の多い地域であれば、どんなに田舎であってもまず問題ない。ただし薬局などで希望を伝える際に、少しだけ難解ではある。単に「フォー・モスキート」などと言っても、虫除けなのか虫刺されなのか、伝わらないからだ。薬局で買おうとして、僕がまごついていると、「ビフォー、オア、アフター?」と逆に質問されたことがある。英語圏ではなかったが、その程度の英単語でコミュニケーションが取れるのだなあと感心させられた。

薬は外国でも買えるが、服用し慣れたものの方が安心であろう。中でも、胃腸薬は日本のものがいいのだと知らしめられたエピソードがあった。

カリブ海のとある島に滞在していた時のことだ。バンガローの隣の部屋に、オーストリア人のカップルが宿泊していた。僕たちも夫婦で来ていたし、たいしてすることもない小さな島だったのもあり、彼らと打ち解けるのに時間は要さなかった。

三週間のバカンスをとって、遊びに来ているのだと彼らは言った。

「日本では三週間も休めないよ。長くて一週間、最長でも一〇日が限度

かな」

我が国の世知辛い休暇事情を僕たちは説明した。そのカップルは信じられない、という表情を浮かべ、長い連休のことをゴールデンウィークと呼ぶんだと言ったら、げらげら大爆笑された。ギャグだと思ったらしい。なんだか恥ずかしくなり、シルバーウィークというのもあるのだと付け加えるのは控えておいた。

そのオーストリア人カップルの、彼女の体調が悪化したのは滞在三日目の夜だった。食あたりなのか何なのか、原因は不明だったが、彼女はお腹を壊して寝込んでしまった。島には病院はない。狼狽する彼氏に、

「薬は飲んだのか」と訊いてみたら、

「飲んだけど、良くならないんだ」と眉根を寄せた。

僕たちは、日本から持って来ていた正露丸を彼に渡した。

「匂いが強烈だけど、これはよく効く薬だから……」

蓋を開けた瞬間に鼻につく匂いに、彼氏は早速顔を歪めた。

幸い、翌日には彼女の具合はだいぶ良くなった。

「薬が効いたみたいだ。臭いだけのことがあるね」と彼氏は感心しているようだった。彼らより先に島を後にすることになり、残りの正露丸はすべて彼らに差し上げた。とても喜んでくれたし、日本の薬を褒められて、僕たちも自分のことのように誇らしい気持ちになったのだった。

47

近視者に手強いアフリカの旅

個人的事情で絶対に忘れられないものもあった。眼鏡とコンタクトレンズである。とくに眼鏡。コンタクトは忘れても我慢できるが、眼鏡はないと本気で困る。

幸い、眼鏡やコンタクトを忘れたことはまだ一度もないのだが、旅先でトラブルに遭遇した経験はある。正確に言うと、僕ではなく奥さんなのだが、その時のエピソードはまるで自分のことのように覚えている。

あれはアフリカを旅している時分だった。ナミビアから南アフリカへ移動する国際バスの車内での出来事だった。長い移動で、景色を眺めるのも、本を読むのにも疲れ、僕たちは座席の背もたれに身体を預け船を漕いでいた。

「あ、あ、えー、あと五分で到着します」

乗務員のアナウンスで現実に戻された。寝ぼけ眼をこすりながら、前の座席のフックにひっかけていた眼鏡をかける。奥さんも、惰眠との決別が名残惜しいといった顔をしながらも、ううぅと呻《うめ》きながら身体を起こした。その瞬間だった。

バキッ――。ハッキリと耳に聞こえた。いや〜な予感がした。一気に眠気が吹き飛んだのだろう。青い顔をしている奥さんと目が合った。お尻の後ろに手を回し、もぞもぞ探っている。

「……やっちゃった」

取り出した彼女の手には無残な姿の眼鏡があった。フレームの蝶番《ちょうつがい》が割れ、分離されたツルの部分がぐにゃりと曲がっていた。

「大丈夫だよ。レンズは割れてないし、眼鏡屋さんへ行けば……きっと直るよ」

僕はそう言って励ましたが、ぜんぜん大丈夫ではなかったのだ。

到着して宿に荷物を置くと、僕たちはまず真っ先に眼鏡屋さんを探しに出かけた。ところが、見つからないのだ。商店などで聞き込みをしても首を傾げられた。眼鏡屋さんがないなんてことがあり得るのだろうか。そんなはずはないと思った。

仕方ないので、壊れたフレームはセロテープで留めるという応急処置を施した。端から見ると不恰好《ぶかっこう》だが、背に腹は替えられない。

「これ、ださくない?」と奥さんは訊くが、「うん」と正直に答えたら、みるみる機嫌が悪くなりそうなので、「うーん、目立たないから大丈夫だよ」とお茶を濁しておいた。とはいえ、明らかに眼鏡は負傷しているといった趣で、可哀想である。

何日かマヌケなセロテープ眼鏡で過ごした後、かろうじて一軒の眼鏡屋を発見した。探しに探してようやく一軒だから、貴重な店と言えるだろう。結局修理は不可能で、新たに作り直すことになった。

後で分かったのだが、眼鏡屋が見つからなかったのは、単純明快な理由からだった。アフリカの人たちは目がいい。視力二・〇や四・〇も当たり前らしい。そう、眼鏡なんて需要がないのだ。確かに、眼鏡をかけている人は極端に少なかった。目の悪い人は、アフリカへ行く際は要注意なのである。

48

軽量化を図りフットワークを軽くする

日経新聞の企画で、旅を快適にしてくれるグッズの特集があった。スーツケースなどの大物ではなく、ちょっと小技が効いたアイデア製品ばかりを集めたものだ。旅行業界や旅メディアの関係者によるアンケートを元にしたもので、僕にも依頼がきたので、投票させていただいた。記事はランキング形式だった。一位はというと——。

コンセントの変換プラグだった。

国によってコンセントの形状は様々だから、日本の電化製品を海外で使う際には、変換アダプタが必要になる。一つのアダプタで、世界の多くの国々に対応するものが売られている。旅の定番アイテムと言えるだろうか。実は僕も投票で一番に挙げていた。

ちなみにそのランキングの二位は、スーツケースのハンドル部分に荷物を括り付けるベルトで、三位は衣類を圧縮する袋だった。さり気ないけれど、痒《かゆ》いところに手が届く系のアイテムだ。衣類圧縮袋は、僕も初めての海外旅行＝世界一周の時に持っていった。最初のうちは便利だなあと感心していたが、そのうち使わなくなってしまった。きっちりと空気を抜いて収納するのも案外手間で、荷物をパッキングする度にそれをするのも面倒だったからだ。

僕が二番目にプッシュしたのは旅行用目覚まし時計だったが、これはランキングの選外に漏れてしまっていて苦笑した。みんな朝寝坊とは無縁なのだろうか。もしかしたら携帯やスマートフォンの目覚まし機能を使っているのかもしれないが、それだと起きられない僕がおかしいのか……。

いずれにしろ、この種の旅ならではのグッズは興味深い。旅用として売られているものでなくても、工夫次第で旅での使い勝手が良さそうなアイテムがないかは僕も日々物色している。

旅の道具選びで最も意識するポイントは、携帯性だ。大きさと重量のバランスが大事だが、極限まで軽い方がいい。嵩張《かさば》るものは論外だと思う。

たとえば爪切りなら、ドイツの刃物メーカー「ゾーリンゲン」から折り畳み式の超小型のものが発売されていて、これを愛用している。本当に驚異的な小ささで、荷物を減らしたい人にはオススメの逸品だ。

ミニサイズのポーチにこの爪切りと、あと刃物繋がりで鼻毛切り鋏《ばさみ》を一緒に入れている。旅先では鋏はあるといざという時に案外重宝するのだが、普通の鋏を持っていくほどでもない。その点、鼻毛切り鋏は非常にコンパクトなのだ。

爪切りも鋏も、出番は少ない。けれど、カバンに一応は忍ばせておきたいもので、そういうものはなるべく嵩張らないものを探しに探した。見つけたのは奥さんで、彼女がドイツを一人で旅した際に、お土産で買ってきてくれたのだった。念のため補足しておくと、刃物は機内預け荷物に入れなければならない点が要注意ではある。

折角なので、ほかにも最近の御用達旅道具をいくつか紹介してみたい。

恐らくこれは僕以外に持っていく人はいないだろうと思われるアイテムとしては、音楽CDの詰め替え用ソフトケースがある。ジャケットとバックインレイ（プラケースの背面に入っている曲目などが書かれている印刷物。裏ジャケとも言う）ごと詰め替えて、プラケースの三分の一以下の厚みに圧縮できるケースだ。タワーレコードなどで一二〇枚パックとかが売られている。何百枚、何千枚規模でCDを収蔵している音楽愛好家にとって、収納場所は頭の痛い問題で、こういったケースを活

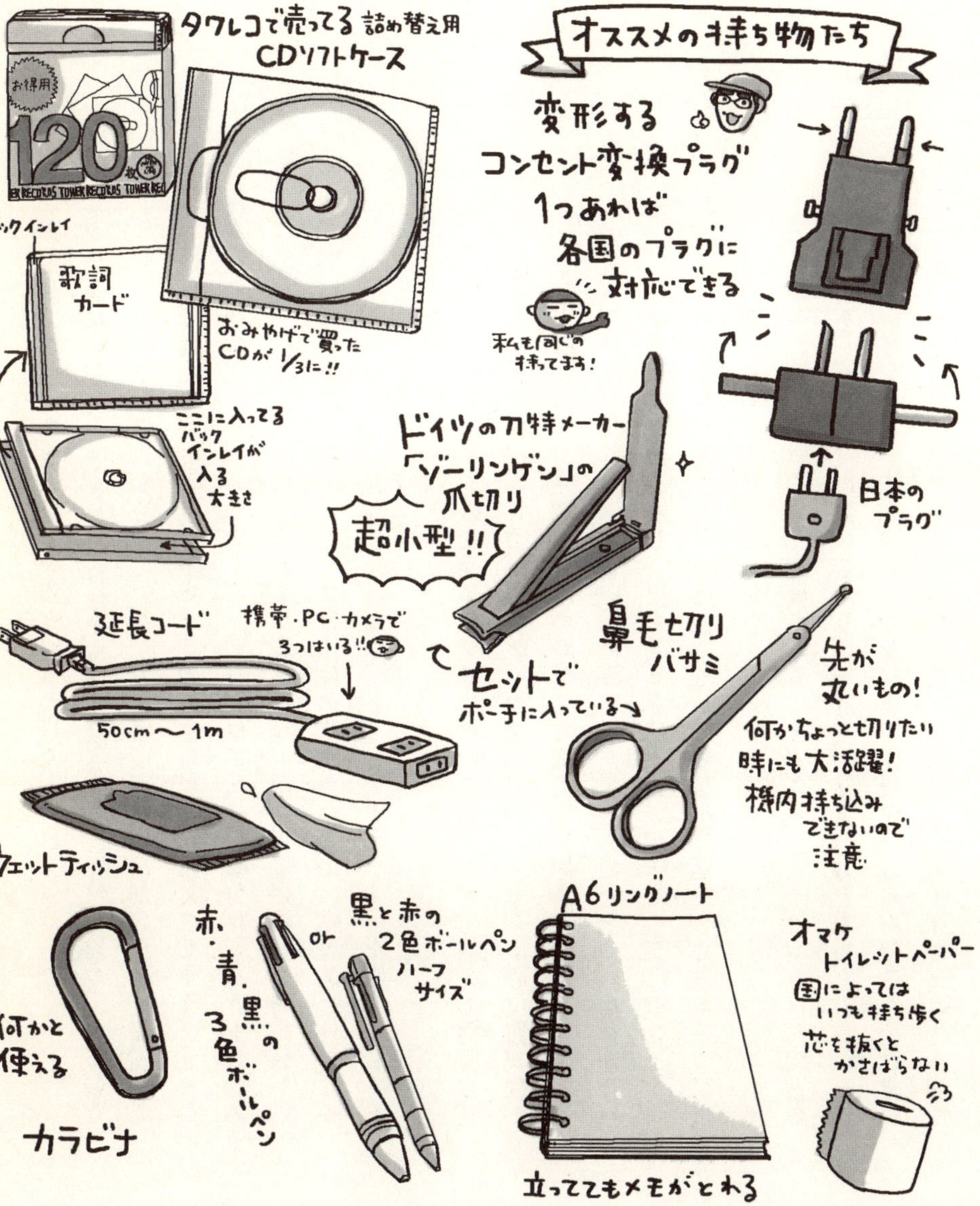

オススメの持ち物たち
タワレコで売ってる詰め替え用
CDソフトケース
お得用
120枚
TOWER RECORDS TOWER RECORDS TOWER REC
バックインレイ
歌詞
カード
おみやげで買った
CDが1/3に!!
ここに入ってる
バック
インレイが
入る
大きさ
変形する
コンセント変換プラグ
1つあれば
各国のプラグに
対応できる
私も同じの
持ってます!
日本の
プラグ
ドイツの刃物メーカー
「ゾーリンゲン」の
爪切り
超小型!!
延長コード
携帯・PC・カメラで
3つはいる!!
50cm〜1m
セットで
ポーチに入っている
鼻毛切り
バサミ
先が
丸いもの!
何かちょっと切りたい
時にも大活躍!
機内持ち込み
できないので
注意
ウェットティッシュ
何かと
使える
カラビナ
赤・青・黒の
3色ボールペン
or
黒と赤の
2色ボールペン
ハーフ
サイズ
A6リングノート
立ってでもメモがとれる
オマケ
トイレットペーパー
国によっては
いつも持ち歩く
芯を抜くと
かさばらない

用してスペースを稼いでいるというわけだ。

我が家も買ってきたCDはすべてこのケースに移し替えているのだが、これを旅先にも持っていく。お土産に買い込んだCDは、帰国してからではなく、ホテルで中身をこのケースに移し替えてしまう。元々入っていたプラケースは捨てる。それだけで荷物が幾分コンパクトになるのだ。一枚二枚程度ならあまり意味はないが、大量に買った時には、効果はてきめんである。ケース自体はペラペラなので、結果的に使わなかったとしても全く嵩張らないから、とりあえずカバンに常備しておくと良い。

冒頭でコンセントの変換アダプタについて触れたが、加えて電源を延長できるケーブルも必須だ。ホテルの部屋で、コンセントの位置が変てこな場所にあって充電しにくい時などに威力を発揮する。延長コードを選ぶ際には、長さが悩ましい。あまり長すぎるものだとそれ自体がカバンの中で邪魔者になるし、短すぎるものだと無意味だ。五〇センチ〜一メートル程度が妥当といったところか。ちなみに延長した先が三《み》つ叉《また》になっているものだと、なお良い。

細かいものもいくつか挙げてみる。まずウェットティッシュ。屋台で食事をしたり、買い食いしたりと、野生的な食べ方が求められるシチュエーションでよく使う。あとカラビナ。旅行中は写真を撮るために常に両手が空いた状態でいたいので、たとえば買ったお土産のビニール袋などを街歩き用カバンに引っかけたりするのに便利だ。一〇〇円均一の店でも売られているが、元来は登山道具だけあり、小さいながらも頼りになるのがカラビナである。

あとはボールペンとメモ。黒、赤、青の三色タイプのボールペンか、黒と赤の二色で長さがハーフサイズのものを僕は持っていく。メモは近頃はスマートフォンで取ることも増えたが、紙のものとしてA6サイズのメモも使っている。立ったまま書かなければならない状況が多いので、リングタイプで表紙が厚く、台紙となるようなノートがベターだ。

快適さは道具の数に比例する側面は否めない。かといって、荷物が増えるのも避けたいところだ。道具の軽量化は常に懸案事項で、引き続き試みていきたいと思っている。

49 洗濯は旅人の日課の一つ?

少し長めの旅に出る時に悩むことがある。「少し長め」というのは、だいたい一週間から一〇日程度の長さを想像して欲しい。

それはズバリ——着るものをどうするか、である。

行き先が半袖で済むような南国だったとしても、Tシャツやら下着やら日数分を揃えて持って行くと、それだけでカバンが文字通りパンパンになる。荷物は極力少なくしたい主義だから、必然的に日数分の着るものを持って行く案は却下なのだ。

では、どうするか。

最もベストな方法は、途中で洗濯をすることだと思う。

といっても、ホテルのランドリーサービスに出すと高くつきすぎる。下着一枚洗ってもらうのに一ドルとか、下手したら二ドルとか取られる。実に馬鹿らしい。ワイシャツやスラックスのようなフォーマルな服であればともかく、アイロンなんてかけなくても構わない、カジュアルな旅服であれば、綺麗にさえできればそれでいいのだ。

助かるのはコインランドリーがあるパターンだ。乾燥機までかけたとしても、費用はせいぜい数百円程度だし、誰かに気兼ねすることもなく、好きな時に好きなだけ洗うことができる。

アジアにしろヨーロッパにしろ、それなりに文明度の高い都市であれば、コインランドリーは案外見つかる。サービスアパートのように、宿の中に設備として備えているところもあるので、あらかじめアタリをつけて、あえてコインランドリー付きの宿を予約しておくと、よりスマートかもしれない。

とはいえ、実際には事はそんなに上手く運ばない。

コインランドリーなんて期待できない田舎街が続く時は、意を決して自分で手洗いをする羽目になる。洗剤は小分けにしてカバンに忍ばせておくのが定石だが、忘れた場合には現地調達する。僕の経験上、おそろしく文明の薫りのしない辺境の地であっても、洗剤ぐらいは探せばなんとか手に入る。

洗うのは宿の洗面所だ。排水口に蓋をして水を少しため、洗剤をどぼっと入れ、衣類をもみもみ洗う。「ごしごし」というよりは「もみもみ」である。もみもみ、もみもみ……洗濯板なんかがあるとより嬉しいが、手だけでも割と綺麗になるはずだ。

いつも苦労するのは脱水だ。力一杯ぎゅっと絞るのだが、これが結構労力が要る。数が多いと軽い肉体労働で疲労する。ぎゅっ、ぎゅっ……はあはあ、という感じ。

洗い終わったものをどこに干すか——これも悩ましい。宿に洗濯物を干す場所があれば御の字で、断りを入れスペースを貸してもらう。テラスのある部屋も、比較的融通が利く。ともかく、外に干した方が乾きやすいのは間違いない。

どうしても適当な場所が見つからない時は、部屋の中に干すことになる。世界一周の長旅をしていた頃は、洗濯物をかけるための紐と洗濯ばさみと、あと針金タイプのハンガー数個を持参していたのを思い出すが、最近の旅ではさすがにそこまでは持って行かないので、部屋の中の適当な場所に干す。

旅先での洗濯と言えば、忘れられない忌々しい出来事があった。インドのバラナシに滞在していた時のことだ。悠々と流れるガンジス河を眺められる、気持ちの良い屋上がウリのゲストハウスだった。

事件はその屋上で起こった。

屋上は洗濯物の干し場を兼ねており、宿泊客も自由に使っていいことになっていたから、僕も自分の衣類を乾かすのに利用させてもらった。もみもみ、ぎゅっ、ぎゅっと汗をかきながら洗い終えた衣類を、無事に干し終わり、ふぅと人心地ついてガンジス河の流れに見とれていると、目の前を何かがビュンと横切った。

「はて？　なんだろうか……」

物体の方向を振り向くと、その正体が判明した――猿だった。

混沌《こんとん》ぶりは世界一ではないかとしみじみ実感していたバラナシだから、猿ごときでは簡単に驚かないのだ。迷路のように狭い路地を我が物顔でのっしのっしと歩く牛や、やつらが残したウン○を避けるようにして歩かなければいけない街なのだ。牛だけでなく、三六○度全方向から猛スピードで迫り来るリキシャーとか、旅行者を騙《だま》す気満々の小狡《こずる》い客引きとか、要注意なあれこれがやって来るし、河には人間の死体すら普通に流れているようなカオスなところなのだ。

野猿も見飽きるほどそこら中にいる。

けれど、まさに今僕の目の前を横切った猿を見て、まず茫然とした。

観光

ふと立ち止まってみる。看板の文字に想いを巡らせる。ぶらぶらしてるだけで異国気分(マレーシア)

2

1

4

3

1 時差ボケでフラフラになりながらフロリダを訪問。キーウエストは北米屈指のリゾートタウンだ（アメリカ） 2 異国の日常のこんな一コマに、つい目を細めてしまう（モロッコ） 3 どこへ行っても気になるのは市場。モスクワ郊外の小さな街にて（ロシア） 4 観光地の少ないクアラルンプールだがバトゥ洞窟は面白い（マレーシア）

観光

歩きがいのある街マイナンバーワンに輝いたフェズ。世界最大の迷宮都市と噂されているだけのことはある。迷子に注意

人々

1

2

3

4

6

5

8

7

旅をしていて最も写真に収めたくなる被写体は、僕の場合、現地の人たちである 1 写真(に写るのが)好きといえば、この国の人たち(インド) 2 背景からして絵になる(ネパール) 3 市場では売られているものだけでなく、売っている人にも注目(インドネシア) 4 波打ち際の美女に声をかけるなんて、ナンパしてるみたいだ(タイ) 5 通学中の女子高生?(ジャマイカ) 6 ジャマしてごめんなさい(スペイン) 7 おばちゃんから絵はがきを購入(ネパール) 8 ファインダー越しに目ぢからに圧倒された(バングラデシュ)

買い物

荷物になるから……などと言い訳しつつも、ついつい色々買ってしまう幸せ。旅に出ると財布の紐が緩むのは最早仕方ない（トルコ）

1 最近は各地でスマホ関連グッズを物色する楽しみも。ご当地ケースや、イヤホンジャックアクセなどお土産にもちょうどいい（タイ） 2 国に限らずよく買うのがボールペン。ユニークなものも多く、集めがいがある（ドバイ）

1 ローカル服で現地に溶け込む作戦も(ベトナム)　2 マグネットはかさばらない手軽な土産物の代表格(フランス)　3 日本で買ったら倍以上はするかなあ…などと皮算用も(モロッコ)　4 個人的には派手目なのが好き　5 食材も気になる。持って帰るのが厳しいものも多いが(ロシア)　6 コーヒーや紅茶は手が出やすく実用的(ジャマイカ)

何かを手に摑んでいるのだが、それが僕のパンツだと理解するまでに数秒を要した。

あっ！　と気がついた時には手遅れだった。猿は不敵な面構えでこちらを一瞥し、次の瞬間には真っ赤なお尻をこちらに向けて逃走していく。

頭に血が上った。とっさに屋上の手すりまで走って追いかけたが、猿はピョーンと隣の建物に飛び移った……逃げられた。まんまとしてやられたのである。

もはや捕縛されないであろう安全圏まで辿り着くと、猿は走るのをやめ、再び不敵な面をこちらに向けた。よく見ると、パンツは一枚ではなく、二枚も持っている！　このやろう！　と乱暴な言葉で悪態をつきたくなった。

遠く見えなくなるまで逃げるのではなく、手が届きそうで届かないという微妙な距離感を保ったまま居座り、挑発してくるところが、憎さに拍車をかけた。

ますます頭に血が上った。人間を挑発して楽しんでいる――。なんて大胆な猿なのだろうか、などと感心している場合ではなかった。貴重なパンツを、しかも二枚も失ってしまったのだ。

翌日、仕方がないので、僕は街にパンツを買いに出かけた。ところが、だ。売っていないのだ。トランクスが。

ごみごみとしたバラナシには似つかわしくない、少々キレイ目のショッピングビルまで足を延ばしたが、結局トランクスは発見できなかった。

インド人の男たちは、どうやらブリーフ派らしい。

50 名付けて「着たら捨てる作戦」

一方、移動続きで、洗濯をする暇もないほどに旅の日程がタイトなこともある。

そんな時は、どうするか。

たった一二日間で世界一周するという、人によっては暴挙とも捉えられそうな旅に出かけた時には、着るものをどうやりくりするかが切実な問題だった。

まず下着や靴下に関しては、日程の半分となる六日分をカバンに詰めた。タイミング良く洗濯するチャンスがあればラッキー、なければ現地調達しようと決めていた。

各国の首都を中心に回るルートだったから、下着程度なら手に入るだろうと読んでいた。幸か不幸か、インドに立ち寄る予定もない。

ここ数年で、世界各地で低価格衣類チェーン、いわゆる「ファストファッション」と呼ばれる店が幅を利かせるようになった。日本でいえばユニクロみたいなブランドのことで、例を挙げるならほかにもH&Mや、マークス&スペンサー、ジョルダーノなどは中でもとくによく目にする。これらの店は、パンツや靴下などは、二、三枚で一〇ドルなど買いやすいのが魅力だ。

一二日間の世界一周旅行で、下着のストックが切れたのはちょうど折り返し地点となる六日目のことだった。トルコのイスタンブールに滞在していた。

都合の良いことに、トルコでも「Collezione」という、地場のファストファッション・ブランドが見つかった。パンツ一枚約二〇〇円と、目論見《もくろみ》通りの手頃な値段に僕はほくそ笑んだ。

下着以外はどうしたのか。ズボンに関しては、ジーンズと短パンをそれぞれ一枚ずつ、靴も一足、寒い時に羽織るモノとしてパーカーを一着という布陣。原則、これらは一二日間ずっと着回し続けるつもりでいた。

懸念材料はTシャツだった。さすがに肌着の類いは毎日着続けるわけにはいかない。

実際、アジアから中東へと、暑い国々が続いていた。汗に濡れたTシャツは、清潔好きな人間でなくても、毎日着替えないと気持ちが悪いレベルで汚れていた。

下着同様に、Tシャツも現地のファストファッションで調達する手も考えた。

しかし、僕は一計を案じた。

Tシャツは全日程分を持って行く。それも、わざとボロボロに着古して最近はほとんど出番がなくなっているものを持参する。そのうえで、着終わったものから順次捨てていく。僕はものを捨てるのが苦手な性格で、ちょうど箪笥の肥やしになっている、着ていないTシャツが山のようにあった。いい機会なので、旅で所持服の整理を兼ねようと思いついたのだ。

名付けて、「着たら捨てる作戦」。

この作戦のいいところは、日数を重ねるにつれ、カバンのスペースに余裕が生まれることだ。旅先では土産を買ったりして徐々に荷物が増えていくのが常だが、それらを収納するのに、衣類を捨ててできた空きはうってつけだった。

その旅では、出発時にはTシャツが収まっていた空間が、帰国した時にはポーランドで買った陶器の食器類で埋まっていた。久々に着てみたら意外と愛着が湧いてしまい、捨てきれなかったTシャツも出てきたが、それらは食器をパッキングする際の緩衝材として活躍してくれたのだった。

51

買い足しなのか買い換えなのか

以上は、純粋に旅先での買い物を楽しむ行為とは異質の話ではある。なにせ買い足しではなく、買い換え、なのである。

もしかしたら僕だけなのかもしれないが、必要に迫られて、旅先で着るものを買い換えざるを得ないことは案外よくある。これは長旅に限らない。

Tシャツを捨てまくった話を書いたせいで、「モノを大事にしない人」だと誤解を受けそうだし、もう一つだけ、今度は正反対のエピソードを書いておきたい。

タイのバンコクを訪れた時のことだ。

日本では木々が色づき始める仲秋の一〇月頃、タイでも季節の移り変わりを迎える。じめじめとした雨季が幕を引くのだ。この時期は、東南アジアとはいえ、猛暑具合はまだゆるやかだ。雨に濡れるとヒヤッと冷たく、そのままエアコンががんがんに効いたデパートなんかに入ると風邪をひいてしまいそうなほど。

僕は短パンではなく、ジーンズを穿《は》いていた。ホテルへの帰路、突如として空がゴロゴロ言い出し、次の瞬間には轟くような大きな音を響かせ、雨が降り出した。

スコールというにはダイナミックすぎて、ゲリラ豪雨とでも呼べる大変な雨だった。

普段ならどこかで雨宿りとしゃれ込むところだが、あと少しでホテル、という距離だったので、僕はええいままよっと意を決して駆け出した。

降り始めてから一分も経たないうちに、道路のあちこちに水溜まりができていた。水はけが悪い街なのだ。ホテルに辿り着いた時には、靴はもちろん、靴下まですっかりびしょ濡れで、さらにはジーンズの裾も水に漬かって色が濃くなっていた。

「やれやれ……」

着替えながら、改めてそのジーンズを凝視してハッと目を瞠った。裾は濡れているだけでなく、ところどころ解《ほつ》れ、破れているのだ。

実はうすうす気がついてはいたのだが、見て見ない振りをしていた。ジーンズは購入の際に裾上げしてもらうのがセオリーだが、ぎりぎり買ったままでも穿けそうだったので多少裾をずるずるさせながらも、そのジーンズを穿き続けてきていた。

もはや限界かもしれない――。

僕は諦めて、街に新しいジーンズを買いに出かけた。バンコクは世界で一番買い物しやすい街だと個人的には思っている。「買い物天国」などという使い古された言葉があるが、まさしくバンコクは買い物天国だ。少なくとも僕にとっては。

アソーク駅前にできたばかりの、「TERMINAL21」という名の真新しいデパートに入った。空港の国際線ターミナルをテーマにしたという、一風変わったコンセプトのデパートなのだが、テナントとして入っているショップも個性的で見応えがある。最近のバンコクでの僕のお気に入りスポットだ。

タイ人の若手デザイナーのこぢんまりとした店舗が集まった階などもあって、最新カルチャーの匂いがぷんぷん漂うところは、バンコクの原宿などと称されるサイアムスクエアあたりとも通ずるものがある。

このTERMINAL21の、一階にあるリーバイスで僕はジーンズを新調した。Tシャツなどと違ってズボン類はある意味大物なので、喜びもひとしおだった。

再びホテルに戻り、買ってきたばかりの真新しいジーンズをベッドに広げ、その横にボロボロになった引退予定のジーンズを並べた。すると、なぜか唐突に、自分の中にもやもやとした感情が湧き上がり始めたのだった。

「やっぱり、勿体ないかもなあ……」

この期に及んで、手放すのが惜しくなってきたのだ。心変わり、というやつだ。

モノを捨てるのは忍びないのだ。愛着の深いジーンズだったし。けれど、もう新しいのを買っちゃったしなあ……うーん、どうしよう。

——ビビビッと閃《ひらめ》いた。いい手を思いついたのだ。

長めなのを承知のうえで裾上げせずに穿いてきたジーンズだ。解れてしまった部分をスパンとカットして裾上げすれば……復活するかも？

行動に移すのは早かった。僕はテイラーに駆け込んだ。テイラーなどと書くと大仰な店を想像されそうだが、なんてことはない。街の仕立て屋さん、といった佇まいの素朴な店である。ジーンズの裾上げをしてくれるかどうかの知識はなかったが、なにせタイである。良くも悪くもいい加減な国なのだ。この手の融通は利く気がする。

テイラーのおばちゃんにジェスチャーで訴えた。チョップするようにジーンズの裾に垂直に手を置いて見せ、続いてミシンを指差しながら、おばちゃんに訊ねた。

「ダイマイ・カップ？（できますか？）」

「ダーイ、ダーイ（できるわよー）」

おばちゃんはニッコリ微笑みながら、「一〇〇バーツね」と続けた。一〇〇バーツは日本円にすると二五〇円程度である。

「おおっ、ここブロークンね」目ざとく裾の解れを指摘される。じゃあ、このぐらいまで切ったほうがよいかしら、といったようなことを口にし、おばちゃんは裾から五センチぐらい上のあたりでチョップした。

「オーケー・カップ（オーケーです）」僕は即答した。全く異存はない。新調したのは早まったかも、と後悔の念が頭をもたげた。結果的に買い換えではなく、買い足しとなった。買ったばかりのリーバイスではなく、裾上げして再び現役に昇格した馴染みのジーンズを穿いてタイから帰国したのだった。

52 デジタル頼みの泣き所とは

類は友を呼ぶではないが、僕の周りには旅好きな友人が多い。世界一周経験者も両手で数えられないほどいるのだが、最近一周してきたばかりの某友人と飲んでいた時のことだ。「どこが良かった？」とお決まりの質問を向けたら、彼はクロアチアと答えた。その理由が非常に個性的だった。

「だって電源取れるし、ＳＩＭも買い放題だし……」

彼はＩＴ系雑誌でライターをしており、携帯やスマートフォンにご執心な男だ。だからといって電源？　ＳＩＭ？　クロアチア最大の見所であるドブロブニクや、隣国イタリアより価格的に手頃ながら味わい深い各種料理の思い出などを語るのかと想像していた僕は意表を突かれ、同時に呆れてしまった。ちなみに念のため補足しておくと、「ＳＩＭ」というのは通信会社が発行するＳＩＭカードのことだ。携帯にしろスマホにしろ、使用するためにはＳＩＭカードを端末に挿す必要がある。

まあ、彼の場合は極端な例なのだろうが、気持ちは分からないでもない。僕自身も、その手のジャンルには興味津々だからだ。とりわけ、スマートフォンについては、ここ数年で旅に絶対に欠かせないものの一つにまでなった。『スマートフォン時代のインテリジェント旅行術』(講談社)という本も書いた。

簡単に言うと、スマホの登場により旅が格段に便利になった。世界中どこへ行ってもネットに常時接続となり、調べ物や、宿の予約などが手のひらの中の液晶画面上でいつでも可能だ。ＧＰＳ連動の地図機能で道に迷わなくなったし、カメラをかざしてレストランのクチコミ情報を入手できるし、日本語で喋りかけたら自動翻訳もしてくれる。電話やメールは言うに及ばず。まさに旅の一大革命なのである。

別にそんなものなくたって自力で旅できる、という人もいるだろう。でも、僕は最早ないと困るレベルで依存している。基本的にヘタレな旅人なので、便利ツールには無条件で頼りたい気持ちがあるのだ。今さらスマホ以前の旅には戻れない。

ただし、デジタルツールにも泣き所はある。

ラオスの首都ビエンチャンを一人旅していた時のことだ。

スマホのバッテリーが切れた。電気がなくなると、デジタルは途端にその力を失う。

そんなこともあろうかと、外でも充電できるモバイルタイプの充電器も持っていた。しかし、充電器の電池もすべて使いきってしまっていた。常時地図を表示させながら、写真や動画を撮りまくって、ツイッターで頻繁につぶやいていたら、日が暮れる頃には電池残量が完全にゼロになっていた。

お祭りを見に来ていた。タートルアン祭りという、満月の夜に行われるお祭りだ。ラオス全土からお坊さんが集まり、一斉に托鉢をする宗教行事としても知られている。街中からは少し離れたお寺が会場だった。散々遊び尽くして、そろそろ宿に帰ろうかという時、とうとう電池が切れてしまった。

帰りの足が捕まらなかった。行きはトゥクトゥク（三輪タクシー）に乗ってきたのだが、祭りが盛り上がる夜間は、会場内へのトゥクトゥク乗り入れが禁止なのだと、お巡りさんに訊いたら教えてくれた。

疲れきった身体で歩いて帰るにはシンドイ距離だった。会場から少し離れれば、トゥクトゥクが拾えるかもしれない——。淡い期待を抱いて、道ばたの屋台で鶏を焼いていたお姉さんに尋ねてみた。

「トゥクトゥク？　どこですか？」

英語は通じなかったが、身振り手振りで探していることを伝えたら、お姉さんは理解してくれたようだった。

「あっちに行けば捕まるわよ」

「ありがとう」お礼を言って、僕はお姉さんが指差す方向へと歩き始めた。夜も遅い時間だというのに、まだまだ続々と会場へ人が集まってきていて、彼らが乗った車やバイクで道路には大渋滞が発生していた。反対側車線も全て会場方向へ向かう形に変更され、道路は一方通行となっている。

流れに逆行しながら、会場から離れる方向に僕は進んでいったが、行けども行けども、トゥクトゥクどころか、会場と逆方向に進む車は一台も見当たらなかった。足が棒のようになり、これ以上歩きたくないと思ったものの、今さら引き返すわけにもいかないから、前へ進むしかなかった。

このままでは埒《らち》があかない……。意を決し路地へ逸れてみた。すると途端に真っ暗闇の世界が広がった。ビエンチャンは一国の首都とはいえ、ビックリするほどに田舎街だ。夜は幹線道路から外れると、街灯は姿を消し、人気のない寂しい通りに変わる。

気がついた時には、自分が今どこにいるのか分からなくなっていた。迷子になってしまったのだ――。

正直、心細くなってきた。街はお祭りモードだったから、普段は大人しいラオス人なのに、今日ばかりは無礼講と羽目を外している人も多い。こちらもさっきまでは上げ上げだったが、すでにテンションはトーンダウンしてしまっていた。一刻も早く宿に辿り着きたい。それより何より、まずはどこか明るい場所に戻らねば……。

暗い夜道で千鳥足の男とすれ違う時にはゾクッとした。お酒を飲んで酔っ払ったのか、目が虚《うつ》ろなおじさんがヨロヨロと歩いていた。ピックアップトラックの荷台に相乗りして、奇声を上げている若者たちの一団が横を通り過ぎていく時もドキリとさせられた。

知らない街の、真っ暗な夜道に一人ぼっち。しかも地図を持っていない。ヘタレ旅行者としては、逆境と呼べる状況だった。肝心な時に、頼みの綱スマホの電池が切れてしまったことを呪いたい気分だった。

この一件は、自分がいかにデジタルに頼りすぎていたのかを、痛感させられるきっかけになった。あれば便利だが、なければないでなんとかなると楽観視していたのだが、実際にバッテリー切れでデジタルが機能しなくなってみると、「あれば便利」どころではなく、なければ困るのだと改めて思い至ったのだ。

ただ、これに懲りて、アナログ的な手法に回帰しようとは思わなかった。反省はしつつも、同時に、旅におけるデジタルの存在価値を再認識させられた。

どんなに便利なものも、使う人間次第なのである。バッテリーさえ切れなかったら、おそらく道に迷わずに済んだだろう。ならば、さらに大容量のモバイル充電器を持って行けば、問題解決だ。それでも切れてしまったなら、きっとまた途方に暮れることになるが、だからといって命を落とすほどの大きな問題とも思えない。

結局のところ、僕の旅にとってデジタルは必要だ。電気がないと使えないデメリットを勘案しても、やはりメリットの方が圧倒的に大きい。デジタルがない旅よりも、それに依存し尽くす旅を僕はやはり選んでしまう。

ちなみにラオスのその旅では、結局なんとか明るい道へ戻ることができた。道行くラオス人たちに方角を尋ねながら、這々《ほうほう》の体で宿へ帰り着いたのだった。

第六章

現実的だけれど大事な「お金」の話

53

どっちもどっち？　貧乏自慢VS金持ち自慢

バックパック旅行をしていた当時、多様多彩な旅人と知り合った。仕事を辞めたり、学校を休学して旅に出てきた者が多かったから、みんな時間だけはたっぷりあって、安宿のロビーなどでたわいもない会話に花を咲かせたものだ。

旅先では年齢や出身や職業（無職が多かったけど、前職という意で）は意味を持たなくなる。日本では滅多に知り合えないような人たちとも交流を深められるのは、旅の醍醐味と言えるだろう。

本当に色んなタイプの旅人がいるから、中には気が合わない人も当然ながら出てくる。個人的に、この人苦手かも……と感じるのは、貧乏自慢をしたがる旅行者だ。

自分がいかにお金をかけずに旅してきたか、に生きがいを覚えているタイプは意外と少なくない。価値観は人それぞれなので、別にそのこと自体に異を唱えるつもりはないが、この手の旅人が厄介なのは、それをほかの旅行者に武勇伝のように語るところだ。みんなで楽しく盛り上がっている時に、突然こういう人が割って入ってきたりすると、へえ、そうなんですか、ふむふむと一応は相づちを打ちつつも、僕は違和感を覚えながら退席のタイミングを見計らうのが常だった。

　そこまでではないとしても、すぐにお金の話ばかりしたがる旅人も曲者だろうか。日本にいたら、「おたくの家賃はいくらですか？」「今日の晩ご飯はいくらでしたか？」なんて、親しい間柄でも尋ねるのは失礼だが、旅先では感覚が麻痺するらしい。

　当たり前すぎて書くのも恥ずかしいが、別に他人よりも安く旅ができたからといって偉いはずもないし、他人のお金の使い方にケチをつけるのはナンセンスだ。

　逆に、金持ち自慢が鼻につくタイプもいる。見栄っ張りと言い換えてもいい。日本人は平等主義で妬《ねた》みの文化だから、あまりひけらかしすぎると煙たがられることもあるだろうに、当人は気がついている様子もなかったりする。

　貧乏自慢と金持ち自慢。どっちもどっちなようだが、個人的にはまだ金持ち自慢の方がマシな気がする。鼻につくほどの金持ち自慢は例外で、多くは別に金持ち自慢をしているわけではないからだ。ただ単に、自分の旅を誰かに語りたいだけだと思う。

　旅人は誤解を受けやすい。休みの度にどこかへ出かけていると、「あいつはなんであんなに金があるんだろう」と余計な詮索を受けることもある。実際には涙ぐましい節約の努力をして旅費を捻出していたりして

も、海外旅行へはあまり行かない人たちからすると理解できないようだ。とくに非旅人に旅自慢すると、金持ち自慢と勘違いされやすい。もちろん、旅をするためには、お金はあるにこしたことはない。極端なことを言えば、旅の経験内容は使える予算に比例する側面もあることは否定できない。お金がなくても、工夫をすれば旅は可能だけれど、あった方がいいのは間違いないだろう。

お金を理由に断念することほど、悔しいものはない。これまでで印象深いのは、南米を旅していた時のことだ。大陸最果てのウシュアイアという小さな港街へ行った。そこからは南極行きの船が出ている。目と鼻の先というほどではないものの、遠い彼方に思えた南極がすぐ間近にあるという事実に僕たちは興奮した。

お金を払えば誰でも南極行きの船に乗れた。旅人なら誰しも乗りたいと考える。でも、当時の僕の財力ではとうてい太刀打ちできない金額だった。

折角目の前に南極行きのチャンスが現れたのに、諦めるのは悔しかった。往生際の悪い僕は、悪あがきをすることになる。その旅では、僕と奥さんは夫婦で旅先からホームページを更新していたのだが、某ホームページコンテストに応募してみたのだ。大賞を取れば賞金が出る。賞金がもらえれば南極へ行ける。藁《わら》にも縋《すが》る思いだった。

結果的に、そのコンテストでは大賞は逃したものの、特別賞を受賞した。ただし特別賞の賞金額では、南極船に乗るのは難しかった。無理して乗る手もあったかもしれないが、「大賞を取ったら行く」と決めていたので、縁がなかったのだと諦めるほかなかった。賞を逃した悔しさよりも、南極へ行けなかった苦い記憶が残った。断腸の思いでその街を後にした。

お金を稼いでいつの日かきっと南極へ——心に誓ったのだった。いまだリベンジできていないが……。

54

ボラれたっていいではないか

値切り交渉は苦手である。

「これ、いくら?」と訊いて、相手がたとえば「一〇ドル」と答えたとしよう。

「一〇ドルもするの? もっと安くならない?」

いちおう値下げの打診はしてみる。

すると逆に「いくらで買いたい?」と質問が返ってくる。

「えっ、そうだなあ、うーん、うーん……五ドルでどう?」

ちょっと強気に言い値の半額を口にしてみると、鼻で笑われる。

「安すぎるよ。無理無理。九ドルでどう？」

「一ドルしか下がってないじゃん。六ドル、六ドルまで出すよ」

お互い一歩ずつ歩み寄った。ここからが勝負だ。

「……じゃあスペシャルプライス、八ドルでいいよ」

「七ドル！　これ以上は出せない」

「ノーノー、七ドルは無理。八ドルね」

くそう、と歯嚙みしつつも、ここで降参。結局二ドルしか値切れなかった。

買い物上手なら、さらに帰る振りをしたりして相手を揺さぶり、七ドルまで譲歩させるかもしれない。実際、粘ればあと一ドルぐらいは下がる可能性が高い。

でも、僕には無理なのである。感情が顔に出やすい性格だから、物欲しげな表情を隠せず、足元を見られてしまう。結果、旅先での買い物は敗戦続きだ。

たかだか一ドルや二ドルぐらい……と、アッサリ匙《さじ》を投げてしまう僕のようなタイプは、海千山千の商人たちからすればきっとチョロい客だと思う。

これは完全に開き直りであるが、それでも自分としてはいいや、と思っている。揉め事は好きではない。貴重な時間をロスするのも勿体ない。多少ボラれてたとしても、折角の旅行中にざらついた気持ちになるのは

嫌なのだ。

初めての海外旅行の時には、値段交渉の際に奥の手を駆使したりもした。カップルや夫婦での旅限定であるが、有力な殺し文句なので紹介しておこう。

「私たち、新婚旅行なんです」

だからまけて欲しい、とやや上目遣い気味にお願いしてみるのだ。僕の経験上、首を縦に振ってくれる確率がグッと上がる。本当に新婚旅行だったので、嘘はついていない。仮に嘘だったとしても、それぐらいは方便として許されるのではないだろうか。

値段交渉なんて一切せずに、相手の言い値のまま手を打つこともある。生産者から直接買う時はだいたいそうだ。

たとえば、ろくに産業もなさそうな田舎の村なんかへ行ったとする。その手の村で、外国人旅行者が訪れるようなところでは、布織物や陶器などを作ってお土産として売っていたりする。彼らにとって貴重な現金収入の手段だと思うと、値切るには気が引けるのだ。いわば産直でマージンがないから、そこで買えば確実に全額が生産者の懐に入る。素朴な笑顔を前にすると、都会の土産物屋の小狡い商人たちと相対するのと同じ感覚では臨めない。

情に絆《ほだ》されているのかもしれないが、どんなに安くても要らないものは買わない。あくまでも、目に留まって物欲が湧いたものに限る。

そういう意味で言えば、要らないものを買おうとすると失敗しがちだ。とくに交渉がほぼまとまりかけた段になって、「やっぱり要らない」と心変わりした時は面倒な事態に陥る。値段交渉を始めた時点で、こちらが買う気があるとアピールしているようなものなので、すでに相手もその気になっている。

帰るそぶりではなく、本当に要らなくて立ち去ろうとしたのに、必死になって値段を下げて引き留めようとしてくるから、どう対処すればよいものか頭を悩ますことになる。話の流れとしては買わざるを得ない状況だ。でも必要ない……。

シンガポールのアラブ人街でそんなシチュエーションに遭遇した。Tシャツを物色していた。たいして欲しくもないのに、店のオヤジと打ち解け、話し込んでいるうちに、買わずに出るのも気まずい雰囲気になってしまった。

しかも、三つで一〇ドルだった。最初安いと思ったのだが、絵柄のバリエーションを見ていくと、良さげなのはせいぜい一つぐらいしかない。三つも要らなかった。交渉の末、一つ四ドルで手を打った。

その店ではTシャツだけでなく、布も買わされそうになった。軒先に陳列されていたのを手にとって、「ステキだねえ」とつい口走ってしまったら、オヤジが目の色を変えて売りつけようとしてきたのだ。

「ステキだけど……、うーん、いいよ」

「どうして？　安くするよ。三五ドルだけど三〇でいい。気に入ったんだろう？」

こういう時の逃げ口上は難しい。

「好きだけど、必要ないんだ」そうキッパリ言うと、ようやく諦めてくれた。

I like, but I don't need.

実はこのフレーズは結構使える。断りたい時は、値段の問題ではないことを伝えるのがコツなのかなと。安くしても買わないという意思を伝えるのだ。

オヤジの店を出た後、四ドルで買ったのと全く同じTシャツが別の店で三ドルで売られているのを目撃した。やられたなあと項垂れる。やはり買い物は苦手だ。

55 備えあれど生じる予期せぬ出費

日本で深夜にファミレスへ入ると、割り増し料金を取られることがある。店によりけりだが、一〇パーセント程度の割り増しが一般的だろうか。

伝票を持ってレジへ向かい、「一〇七八円になります」とか言われ、あれっ、確か九八〇円だった気がするけど……、などと狼狽してしまった経験は僕にもある。

そうか、深夜だからか、と納得できるのは日本人だからだろう。その辺の事情をよく知らない外国人旅行者だったら、「メニューの金額と違うじゃないか！」と怒り出す人だって、もしかしたらいるかもしれない。

日本語の喋れない外国人客の剣幕に恐れをなした、アルバイトの若い店員はおろおろしながら、店長を呼ぶ。現れた店長は、「えー、ナイトタイム、プラスジュッパーセント、いや、テンパーセント」とかなんとか適当に英単語を並べつつ、日本語なんて読めるわけないのに、メニューの隅っこの小さな文字の注意書きを見せて説明を試みる。まあこれは勝手な空想話だけれど、そんな修羅場がなんとなく目に浮かぶのだ。

ファミレスの深夜料金以外にも、居酒屋のお通し代なんかも、「聞いてないよ」とトラブルになる可能性がある。実際、都心部の外国人客が多い店では、前もってそのあたりのことを説明するらしい。ともかく、そういうルールなのだから、と理解してもらうほかないのだが、異国からの旅人なら理不尽に感じてしまうのも仕方ないだろう。

似たような理不尽体験は、逆に僕たちが外国へ行った際にも待ち受けている。

最も多そうなのはタクシーだろうか。

たとえばシンガポールでは、特定の道路を走ると、通行料が取られる仕組みになっている。ERPという、電子道路課金システムが普及しており、ゲートをくぐると車載器に自動でチャージされるのだ。日本のETCと似ているが、高速道路ではなく一般道で課金されるので、知らないと気がつかない。

タクシーで移動していると、支払いの段になって、メーターに表示された金額にこの通行料が上乗せされる。それも容赦のない課金額だったりして、時にはメーターの倍ぐらいに跳ね上がるから、油断ならない。それがルールとはいえ、釈然としない気持ちになるのも正直なところである。

日本もそうだが、タクシーは深夜割り増し料金を採用している国は結構多い。ポーランドで空港へ向かうタクシーを手配した時は、それを知らなくて、到着時にお金が足りなくなるというピンチに陥った。もう出国するからと、最低限の現地通貨しか残していなかったのだ。この時は不幸中の幸いで、運転手が優しい人だった。

「しょうがないなあ。じゃあ、今回はいいよ。その代わり、また来てね」

事情を説明したら、割り増し料金分をまけてくれたのだ。帰る寸前にいいエピソードがあると、また来ようという気になる。ポーランド、いい国だなあと単純な僕は感服してしまったのだった。

逆に、なんてひどい国なんだと恨みが募った失敗もあった。東欧を旅していた時のことだ。逆恨みっぽいので、どこの国かは内緒にしておく。国境を越えて移動する長距離バスに乗っていた。途中でトイレ休憩でサービスエリアのようなところに停車したのだが、そのトイレが曲者だった。

もう次の国へ行くからと、現地通貨を使い切ってしまっていた。ところが――有料トイレだったのだ。ヨーロッパでは珍しくはないのだが、すっかり失念していた。

「ユーロじゃ駄目ですか？　持ち合わせがないんです！」

尿意が臨界点に達していた僕は、必死の形相で入口の男に頼み込んだ。「もう、しょうがないなあ」と通してくれると期待した僕が甘かった。どんなに頼み込んでも、男は首を縦に振らなかった。

有料とはいえ、微々たる金額である。持っていない僕が悪いのだが、緊急事態なのだ。悔しくて涙が出そうになった。一生呪ってやる！　と心の中で暴言を吐いた。

旅先ではこの手の予期せぬ出費がついて回るのは割とよくあることで、現金は常に少し多めに持つようにした方がいいとは思う。

ちなみに、これは現地に到着した際にいくら下ろすかという問題とも関連する。とりあえずはホテルまで移動するだけだし少しでいいや、と考えがちだが、どうせ後でまた下ろすのである。両替する場合には空港内のレートが悪いから、という理由もあるだろうが、ATM派なら渋る意味はないはずだ。引き出す際に手数料が取られる国では、むしろ小出しではなく一度にドカッと下ろした方がお得だったりもする。

いざという時に頼りになるのはカードではなく現金なのだ。無理のない範囲内で、できる限り多めに持っているのは意味のあることだろう。

56

ああチップ、たかがチップ、されどチップ

予期せぬ出費の代表格としては、チップの問題もある。メニューには書かれていないし、突如として支払わざるを得ない場面に遭遇することも少なくない。チップ文化のない国からやって来た旅人としては、腑に落ちない気持ちは拭えないのだが、これも旅の必要経費と割り切るしかない。

チップは税金や手数料などと違って、金額にこれという明確な決まりがない点も頭の痛い問題だ。いちおう、国によってだいたいの相場は決まっているけれど、その相場を知らないと、あげすぎや、少なすぎて無礼を働くという失敗を演じかねない。

分かりやすいのはアメリカだろうか。最低一五パーセントと暗黙の了

解ができている。置いていきたくないシチュエーションだったとしても、邪念は打ち払って、とりあえず何も考えずに携帯の電卓機能で計算し、相場の額を置いていけば済む。

アジアでもヨーロッパでも、レストランでは、わざとお釣りが細かくなって出て来たりもする。チップを期待されているのが透けて見え幻滅するのだが、払う前提だと助かるといえば助かる。

ホテルのベルボーイにチップを渡そうとしたら、小銭がなくて恥をかいてしまったこともある。その国に到着したばかりで、現地通貨を持っていなかったり、持っているけど高額紙幣しかない状況でホテルに着くと、困ってしまうのだ。

あまりに露骨にチップを要求されたら、僕は無視することにしている。

タイの空港で、乗り継ぎの待ち時間が結構あったので、マッサージ屋へ行った。空港内なので、街中で受けるよりも値段は倍ぐらいするが、順番待ちになるほど賑わっていた。ググッと水平近くまで背もたれが倒れるフカフカの椅子に座り、足を揉んでもらっていた時のことだ。隣の白人のおじさんが、最後にマッサージ師にチップを五〇〇バーツも渡していたのが目に入り、茫然とさせられた。

街中のマッサージ屋で、五〇バーツか、一〇〇バーツ程度がチップの相場なのだ。いくら渡すかはその人それぞれだけれど、五〇〇バーツはいくらなんでもあげすぎだろうと正直感じたのだ。

厄介なことになったのは、一連のやり取りを、僕の足を揉んでいたお姉さんもチラリと覗き見ていたからだった。

「隣は五〇〇チップ渡していたわね」

お姉さんは鋭い目つきで僕を見つめた。

あなたも、五〇〇くれるわよね、とその目は語っていた。いやはや、とばっちりなのである。仕方ないので二〇〇バーツも置いていくことにした。自分としては奮発したつもりだが、お姉さんに残念そうな顔をされ、後味の悪さが残った。

インドではバクシーシという文化がある。性質としてはチップと近しいものだが、ちょっと違う。ヒンディー語で「お恵み」を意味し、チップ的な支払い以外にも、物乞いなどに喜捨することを指したりもする。ほかの国の旅は、バクシーシとは切っても切れないのだが、彼らの貰い方に規則性がないから困る。

驚くのは、「バクシーシを」と口にしておきながらも、プライドがやたらめったら高い者がいることだ。気まぐれで幾ばくかのコインを渡すと、「これだけ？　だったら要らない」と逆ギレされた時はインドの懐の深さを見せつけられた気分になった。インドの人たちは、持つ者が持たざる者へ施しをするのは当然という考え方があるらしい。貰って当たり前なのだ、と涼しい顔をされても、いちいち気に障っていたらこの国は旅できない。

各種チップの中でも、個人的に気を遣うのは、枕チップだ。置かないという人もいるようだが、僕はルームキーパーが入る時には必ず置くことにしている。部屋の中には大切な荷物がある。自分の目の届かないところで人が入ってくるとなると、やはり心配なのだ。とくにパソコンや撮影機材など、高価なアイテムを置きっぱなしにしたりするから、万が一のこともある。なくなる時はなくなるので、気休めではあるが……。

とはいえ、あまり疑り深いのも考え物だ。世の中には悪者もいるけど、そうでない普通の人の方が大多数だ（と信じたい）。

全く逆の意味で驚愕した、枕チップにまつわるエピソードを紹介しておく。

バングラデシュのダッカで泊まったホテルでの一コマだ。バクシーシ攻撃に辟易したインドのお隣の国ということもあって、当初は不必要に身構えていた。

でも、それは杞憂だった。

五〇タカ札をベッドの脇のサイドテーブルに置き、出かけていた。一タカがちょうど一円と等価だったので、五〇タカは日本円にして五〇円である。

「もう少し置いた方が良かったかな」と思いつつも、細かい札がほかになかった。

日がとっぷり暮れた頃、ホテルへ戻ってきた。部屋へ入ると、実に綺麗にベッドメイキングされていた。シーツも、真っ白の皺《しわ》のない物に取り替えられている。

ふと、サイドテーブルに目が留まった――あれ？

お札があった。五〇タカ。枕チップとして朝置いていったものである。そうなのだ。ルームキーパーが入ったのに、枕チップを持っていかなかったのである。これには目を瞠った。今までにない経験だった。

理由をあれこれ想像してみた。枕チップの習慣がないのだろうか。もしくは習慣はあるけれど、五〇タカという金額が枕チップにしては大きすぎた可能性も考えられた。なんとなく後者の気がするが……。わざわざ確認するのもおかしな話なので、結局謎のまま、そのホテルを後にしたのだった。

57 「ルピーモード」にどう挑むか

インドで知り合ったドイツ人旅行者がこんなことを言っていた。

「インドを旅した後で他の国へ行くと、ルピーモードが抜けないんだ……」

ルピーモードか――。言い得て妙だな、と僕は感じ入り、以来その言葉を使わせてもらっている。

簡単に言えば物価感覚のことである。インドは物価が安い。たとえば路上で一杯のチャイ（マサラミルクティー）を飲んだら三ルピー。日本円で約四円。バラナシの最低レベルではない安宿で一泊一〇〇ルピー、約一四〇円である。格差の大きい国なので、旅の仕方によってはインドであろうともそれなりに費用は必要であるが、一般的なバックパッカー水準の旅をしている限りは、予算は驚くほど安く済む。

そんなインドを旅した後で、どこかもっと物価の高い国へ行く。すると、頭の中はインドの物価感覚から抜け切れていないから、あらゆるものを高く感じてしまい目が回るのだ。インドでは比較的長期滞在をする人も多いが、長く旅すればするほど物価感覚は麻痺してしまう。経済感覚と言い換えても良いかもしれない。

僕にも思い当たる節は大いにある。ルピーモードからなかなか切り替えられないのだ。インドに限らず、物価が極端に安い国を旅した後は注意を要する。また、節約旅行を経て日本へ帰国したら、成田から都心へ出る電車賃の高さにポカーンとしてしまった、なんてエピソードも同種だろうか。

バックパッカー旅行ではないとしても、複数の国々を渡り歩く旅だと、似たような状況に陥ることがしばしばある。前の国との物価差が大きいと、やはり戸惑ってしまうのだ。全く同じコーラなのに、国が変わった途端に値段が二倍も三倍もしたら、理屈では理解していても、理不尽に思えてしまう。

もちろん、逆に、国が変わったら途端に何もかもが安くなって、天国へやって来た心地に浸れるパターンも考えられる。

冒頭のドイツ人旅行者は笑い話にしていたが、これは旅をする上で実は結構切実だ。国によって、街によってモノの価値がドラスティックに変わる現実に振り回されないためには、どうすればよいのか。頭の痛い問題であり、同時に旅人が避けては通れない、ささやかながら影響力を持ったテーマでもある。

モノの値段について、恐らくたいがいの人は、その金額が日本円にするといくらになるかで考えるだろう。頭の中で咄嗟《とっさ》に算盤《そろばん》を弾くかもしれないし、両替時のレートを元に電卓で計算する人もいると思う。近頃はスマートフォンの為替レート計算アプリなんて便利なものもある。僕自身も、そうやって日本円に換算して妥当か否かを判断する局面は少なくない。日本で買うよりも安いからと、同じものをわざわざ海外で買ったりもした。

けれど、それがベストな方法論かと言うと、たぶん違うのかな、とも思う。根本的な解決策にはなり得ないのかなと。

ルピーモード的な違和感を完全にゼロにするのは難しい。でも、それを少しでも軽減したいと願っている。そのために有効な作戦は――あいにく、これだという明確なものはまだ見つけられていない。継続的に研究中なのだが、強いてヒントを挙げると、「ローカル化」するのは一つのコツかもしれない。

柔軟に適応する。日本円での価値に捕らわれる発想から転換してみる。両替レートのことは忘れてみる。他の国での値段と比較しない。するど、価値を推し量る物差しは別のものに変わる。地下鉄の初乗りがいくらなのか？　ミネラルウォーターは？　定食屋のプレートは？　そういった至極一般的なモノの値段がいくらなのかが指標となる。相対的な価値ではあるものの、あくまでも現在旅しているその国の中だけでの比較とするのだ。極端なことを言えば、自分が日本人であることは棚に上げ、その国の人の立場になったつもりで考える。

やがて、おぼろげながら当地の適正な物価感覚が摑めてくるだろう。次の国へ移動したら、前の国での価値はスッパリとうっちゃってしまう。前の国や、日本と比較して安いか高いかを考えるから隘路《あいろ》に迷い込むのだ。グローバル化が声高に叫ばれて久しいが、このような局面に限って言えば、むしろとことんローカル化するのが旅人にとって吉と出る。

偉そうに書いているが、これが結構難しい。いい解決策があれば教えて欲しい。

58

余ってもあえて再両替しないという選択

会社を辞めて夫婦で世界一周する直前、餞別《せんべつ》を頂いた。腹に巻くタイプの貴重品入れだった。僕たちがまさに欲しいものだったので感謝感激し、有り難く受け取ったのは言うまでもない。

中を開けたらなんと現金が入っていて、これもまさに欲しいものというか、いくらあっても足りないものだったので、平伏したくなった。しかもなんとなんと、日本円ではなくドルだった。この人には一生ついていこうと誓った。そのお金は大切に使わせて頂いてもうないが、貴重品入れは今でも愛用している。

日本円の力は世界的に見ても決して弱くはないけれど、通用度はドルに比べたらだいぶ劣る。世界一周のように、東西南北行ったり来たりする旅ではとくに、日本円ではなくドルを持っていくのが常套手段だ。

現地通貨の代わりにドルがそのまま使用できる国も世界には少なくない。とくにアジアが多いだろうか。たとえばベトナムは、ちょっとした支払いは一ドル札で違和感なく行える。バイクタクシーなど、値段を聞くと「ワンダラー」という答えが毎度返ってくるぐらいだ。ほかにもそういえばパナマのように、アメリカではないのに流通している通貨がドルという国もあった。

短期旅行であれば、最近はATMでクレジットカードを使ってお金を引き出すことが多い。いちいち両替レートに頭を悩ませなくて済むし、大金を持ち歩くリスクから解放されるからだ。現地の空港に着いたら、両替所ではなくATMを目指すのが今や当たり前になっている。

一方で、そうは言っても、現金も多少は持っていく。行き先にもよるけれど、基本的にはドルで持っていく。両替用としてレートのいい五〇ドル札や一〇〇ドル札といった高額紙幣と、後はいざという場面で現地通貨の代わりに支払いにそのまま使えそうな一ドル札を多めに忍ばせる。

日本でドルの現金を用意する際には、銀行や空港などの両替所で日本円から両替する作戦はもうやめてしまった。レートが恐ろしく悪いからだ。ニュースなどで、

「今日の為替市場は円高が進み、一ドルが七六円を切りました」

などと言っているのを聞いて、ならば替えようと思って窓口へ行くと、七六円どころか、一ドル八〇円以上ものふざけたレートが掲げられていたりする。

ニュースで報じられるレートと実際の取引レートが異なるのは理解できる。いわゆるTTSレート（銀行が顧客に外貨を売るレート）であ

パスポート
カード
ドル札
T/C
強い味方!
ハラマキタイプの
貴重品入れ
しかし!
結構ムレる
秘境的な場所はともかく…
先進国のピカピカの空港で出すのは
気恥ずかしい…
面倒だからと外して
カバンに入れておくと
荷物検査などでひっかかって
中身をチェックされたりする
悪徳係員なら
中身を抜かれる
可能性も
ある…
【ハラマキあるある】
銀行で両替しようと思ったら
ドル札が汗でしわしわに…
しわ〜
あっ…

れば、まだ仕方ないと思う。

でも旅行者向けの両替所のレートの付け方は、それが手数料なのだとしても、いかにも足元を見ている感じがして引いてしまう。けち臭い話で恐縮だが、替える額によっては結構バカにならないし。

ではどうしているかと言うと、ドル建ての外貨預金口座を開設した。外貨預金なんて金利は大して期待できないが、投資目的ではない。ただ単にドルキャッシュを引き出すためである。口座に一定額以上入っている状態だと、現金の引き出し時に手数料がタダになるサービスを提供している銀行があるのだ。元本割れのリスクは当然あるが、その都度両替するよりも精神衛生上は僕は納得がいく。ヨーロッパへよく行く人なら、ドル建てではなくユーロ建てにするのも良いかもしれない。

銀行に関してさらに書くと、最近は海外の銀行に口座も開設した。旅で余った現地通貨は、最後に日本円やドルに再両替するのが一般的だが、再両替時のレートはとても渋いもので、額が少なかったとしても損をした気は拭えない。よくリピートする国であればそのまま持ち帰って、次の渡航時に活用すればいいと当初は考えていたが、現地の銀行に預けてしまえばさらに効率がいいと気がついたのだ。

僕の場合には、これまでも何度か記したように、頻繁に行く国がある。タイだ。タイでは外国人旅行者でも特定条件を満たせば銀行口座を開設できる。余ったタイバーツはその都度預金してから帰国する。日本と違って多少は金利もつくので、円高の時にはあえて多めに両替して預金に回す。いざという時には、オンラインバンキングで日本にいてもネットから資産を操作可能なのも安心感がある。

銀行口座を開設しないまでも、再両替しないで余った現地通貨を有効活用する手立てがないか試行錯誤している。些細な額であれば、空港に設置されている募金箱に入れてもいいし、旅の記念として保管しておいても良いだろう。僕の旅仲間には、訪れた国の紙幣や硬貨をコレクションしている者もいる。

ちょっとした小技を紹介すると、各国の余った現地通貨を両替事情に秀でている国でまとめて両替し直すなんて手もある。オススメは香港だ。尖沙咀《チムサーチョイ》にある重慶大厦《チョンキンマンション》の一階には多数の両替所がひしめいている。あそこに持っていくと、レアな国の通貨であっても両替してくれるのだ。レートも納得のいくレベルだし、複数のバラバラな国の通貨を一度に渡しても、迅速に計算してくれる。旅の多い人というか、マニア向けのテクニックにはなるだろうが、旅をしているとそういう小賢しい知恵は身につく。

第七章

無事に「帰宅」するまでが旅なのだ

59

終わり良ければすべて良し

家に着くまでが遠足——子どもの頃に教師から言われたお決まりのフレーズを思い出す。今さら補足するまでもなく、気を引き締めて帰りましょう、の意であるが、海外旅行はまさにこれが当てはまるように思う。

余談だが、僕はこれを楽しい時間は家に着くまで続くのだ、と都合良く解釈したりもする。さらに余談を続けると、南国の旅ではよくバナナを買って間食している。バナナはおやつに含まれますと言われ、諦めた小学生時代の遠足の反動ではない。

冗談はともかく、家に着くまでが海外旅行である。これは間違いない。旅の日程をすべて消化し、後は帰るだけとなると途端に気がゆるむものだが、日本に帰国できてこそ初めてホッと一息つける。いや、無事に成田へ到着しても、本書冒頭で紹介したように、ターンテーブルの荷物を取り忘れるなどの失敗もまだ起こり得るか。

さらには成田からの帰り道でも、ビックリするような失態を演じたことがある。フィンランド旅行の帰り道だ。ヘルシンキ空港の免税店で買ってきたお土産を電車の網棚に置き忘れてしまった。気がついたのが遅かったせいか、駅の遺失物問い合わせ窓口に尋ねても結局見つからずじまいだった。あまりに悔しかったので、ネット通販で同じものを買ったのはここだけの話である。

自宅に到着するまでは完全に安心はできないのだが、愚かなのは僕だけで、普通の人なら日本行きの飛行機の座席についたあたりでもうほぼ上がりと言って良いだろうか。

現地の空港に着いただけではまだ駄目だ。何らかの理由で飛行機に乗れない可能性はゼロではない。実際僕も搭乗予定の便がキャンセルになって、途方に暮れたことがある。バンコクの空港がデモ隊に占拠され、空港自体が閉鎖されてしまったのだ。世界的大事件でもあったから、よほど運が悪かったのだと諦めもついたのだが……。

海外旅行の帰路となると、基本的には往路の流れを逆に辿ることになる。ホテルを出て、タクシーなどで空港へ向かい、チェックインして飛行機に乗る。荷物を持って移動して手続きして……となるのだから、冷静に考えれば、トラブルの芽はそこら中に転がっているとも言えよう。往路のようなドキドキ感や張り詰めていたものがなくなっているぶん、むしろ隙が大きくなっているとの見方もできる。

旅の本を読んでいると、帰国の話というのはほとんどお目にかからない。物語的には蛇足と判断され、端折《はしょ》られているのかと推察するところだし、そういえば僕自身も自分の著書ではあまり書いた記憶がない。何気に往路以上にドラマがあったりするので、実に勿体ない気もしてきたのだ。

というわけで、一念発起して帰国の話を書き綴ろうと思い至った。本書もこの項で最後だし、勝手ながら特別編としてほかよりも少し長めの紀行エッセイ風にまとめてみたい。これまでの旅の中でも、とりわけ四苦八苦させられた帰り道の話は、モロッコのマラケシュから始まる――。

マラケシュはモロッコ中央部に位置し、古くから交易の中心地として栄えた街だ。背後に聳《そび》えるアトラス山脈を越え南下すると、あのサハラ砂漠が広がる。

城壁に囲まれた旧市街は、世界遺産にも登録されている。『地球の歩き方』を開くと、最大の都市カサブランカや、迷宮都市フェズを差し置いて巻頭を飾っているほどで、要するに観光客にとっては、マラケシュはモロッコの中でも主役級の観光都市と言えるだろうか。

モロッコ最後の滞在地がそのマラケシュだった。日本へ帰るには、国際空港のあるカサブランカまで移動し、さらにはヨーロッパで飛行機を乗り継がねばならない。長い移動になりそうだが、念願だったサハラ砂漠でご来光を拝むこともでき、燃え尽きたというか、旅自体はもうすっかり終わった気分で、気持ちがゆるんでいた。

一九時五分発カサブランカ行きの列車の切符を買ってあった。逆算すると、旧市街にある宿を一八時頃に出れば、程良い時間帯に駅に着けると踏んでいた。それまではフロントに荷物を預け、ハマムで汗を流したり、お土産を買ったりしてリラックスして過ごした。

「失敗したかな」と最初に疑念を覚えたのは、いざ宿を出発した段になってからだ。迷路のように複雑に入り組んだ路地を抜け、大通りに出ると、洪水のような人波に目を瞬かせた。

日も落ち始めたこの時間帯から街は急速に活気づく。ジャマ・エル・フナ広場には夜間だけの屋台が甍《いらか》を争い、白い煙をもくもくとさせている。毎晩のように繰り返されるお祭り騒ぎのような光景にもすっかり馴染んだ気でいたけれど、この日は状況が少し違った。前日までと比べて、明らかに人の数が多いのだ。

こちらが宿探しをしていると勘違いして声をかけてきた客引きの男に訊いてみると、今日はお祭りなのだと教えてくれた。なんとお祭り騒ぎではなく、本物のお祭りだったのだ。

そうと知っていれば、帰国日をもう一日ずらしたのに……と歯嚙みするところだが、実際にはそれどころではなかった。行き交う人があまりに多すぎて、前へ進めないのだ。大きな荷物をガラガラ転がしながら通り抜けるのは試練だった。こっちは電車の出発が迫っているのだ。通してくれ、と思うも、願いは通じない。

じぐざく歩行で障害物（人）を躱《かわ》しつつ、ようやく車通りに面したロータリーまで辿り着いた時には、汗だくになっていた。背後の空がうっすらと茜色に染まりつつあったが、写真を撮っている余裕はない。客待ちしていたタクシーに声をかけた。

「……五〇ディルハムだ」と運転手のオヤジはボソッと言った。

来る時は二〇ディルハムだったから、倍以上もする。マラケシュのモロッコ人は手強く、価格交渉には辟易していた。物売りは断ってもいつまでも付きまとってくるし、物を買おうとしたら相場の一〇倍ぐらいの額を平気でふっかける。彼らのしつこさとがめつさは、悪名高いインドのバラナシ以上だと感じていた。

とはいえ、この時は分が悪かった。すでにここまででだいぶ時間をロスしてしまったから、一刻も早く駅に着きたかった。

「……五〇でいいよ」僕が渋々オーケーすると、

「やっぱり五〇は無理だ。一〇〇なら行くよ」と気が変わったのか投げやりな言い方でオヤジは前言をアッサリ撤回した。なんだそれ。

「今日は道路がとても混んでいる。急いでるなら、歩いて行った方がいいよ」

なるほど、渋滞しているから行きたくないというわけか。

「駅まで歩いたらどれぐらいかかるの?」

「だいたい一五分ぐらいかな。タクシーだと三〇分はかかるよ」

そこまで言われたら歩くほかない。踵《きびす》を返し、駅へと続く道を大股に歩いて行く。さらなる試練に挑む羽目になった。

一〇〇メートルぐらい歩を進めたところで、早くも弱音を吐きたくなってきた。汗が止めどもなく流れ続けている。同行者の奥さんもぜえぜえ息切れしている。

「ねえ、駅までどれぐらい距離があるんだろう」

「さあ、一五分って言ってたから……一キロぐらいかなあ」

「歩き方に地図載ってたよね。念のため確認してみない?」

奥さんに促され、僕はガイドブックをぱらぱらめくって地図のページを開く。縮尺を見て、駅までの長さと照らし合わせる――。

「あれえ、結構あるね。軽く二キロ以上はあるっぽいよ」

「……二キロって、ずいぶん遠いなあ。一五分なんて絶対無理だよ」

まんまと嵌められたというより、あの投げやりオヤジは深く考えずに適当なことを教えたのだろう。良くも悪くもいい加減なのがモロッコ人気質だと思い知らされてばかりの旅だったから、今さら怒る気にもならない。

その時だった。

「タクシー?」

新手の客引きが現れたらしい。なんというグッドタイミング。駅まで行けるか尋ねたら、男はしばし思案顔になり、「六〇ディルハム」と答えた。こちらはもう交渉する気もない。僕たちは案内されるまま彼の車に向かった。いやぁ良かった。捨てる神あれば拾う神ありなのだ。

ところが、である。車のトランクに荷物を積んでいる時だった。奥さんが発した次の台詞に愕然となった。

「あれ、お土産が入ったバッグは？」

「…………はっ！」

一瞬にして背筋が凍り付いた。地図を確認する際に、重いからと地面に置いた気がする。そして、置いたままにしてきてしまった気がする……いや気がするというより間違いない。置きっぱなしにしてしまったのだ。

ガラガラ付きの大きなカバンのほかに、買い込んだお土産をトートバッグに入れて肩にかけていた。中には重いのを承知で無理して買ったタジン鍋をはじめ、この旅で仕入れた思い出の品々がたっぷり詰まっていた。汗をかきまくっていたのは、そんな荷物を持っての移動だったせいもある。

大慌てで元の場所へ走って戻った。あれをなくしたら立ち直れなさそうだ。まだ五分も経ってないけれど、誰かに持って行かれていたりして――。

――あった。

あったのである。ふう、危機一髪。アッラーの神に感謝すると同時に、自分の愚かさがしみじみと情けなくなった。

「地図を見ようと言った私の手柄じゃない？」

無事荷物を回収し、タクシーの後部座席に落ち着けたことで心に余裕が生まれたのか、奥さんはおどけながら冗談を口にした。

「うん偉い偉い。それにしても、最初のオヤジには一杯食わされるところだったね」

「一五分とかあり得ないよね。知らなくても、適当に答えちゃう感じというか。それが親切だと思ってそうだし」

「うんうん、複数の人に訊いて裏を取った方がいいねこの国は。全員違うこと言いそうだけど。まあ、そこが憎めないと言えば憎めないかな」

色々と痛い目にも遭わされた旅だった。口汚く罵りたい気分にもさせられた。魔窟《まくつ》のような国だった。ゲームで言えば、RPGのダンジョンのようでもあった。ただ、次々と敵キャラが現れるこの感じは、旅している実感が湧いて嫌いではない。そう前向きに考えられるのは、旅も終わりが近づいてきたからかもしれないが。

しかし、モロッコという名のダンジョンは、そう簡単に出口まで辿り着かせてはくれなかった。話はまだ続くのだ。

まず、道路が大混雑していた。お祭りだから混んでいる、と言った最初の運転手の話は半分は正しかったようだ。車やバイクがけたたましくクラクションを鳴らしまくっているが、音で威嚇したからと言って進むわけでもない。さらには、馬車が突如として渋滞の列を横断しようとしたりして、余計に混沌とした状況になってくる。

ただでさえ混んでいるのに、車線の一つを路上駐車の車が埋め尽くしていて、通れるスペースが狭くなっている。道は二車線なのに、三列になっているのは、マナーがなっていないというより、モロッコ人の短気な性格の表れなのだろう。

「みんなが我先にと割り込むから、余計に進まなくなるんだよ」

奥さんは口を尖らせながらブスッと言った。イスラムの国はだいたいどこもそうだが、ハンドルを握ると性格が変わるタイプが多い。運転の荒い国は少なくないが、そこに負けん気の強さが加わると収拾がつかなくなる。

僕たちが乗った車の運転手も、しきりにチッと舌打ちしながら、わずかでも車間距離が空いたら、すかさず車線変更して、他者よりも一メートルでも前へ出ようとしていた。この時ばかりは、勝ち気な運転手が頼もしくはあった。

なんとかかろうじて駅に到着すると、さらに一悶着が起きた。

「七〇ディルハムだ」

運転手が約束した値段よりも高い金額を要求してきて、啞然とさせられたのだ。六〇ディルハムだったはずだが、いともあっさりと反故《ほご》にされてしまった。がめついというか、図々しいというか。

「もういいよ。時間ないし、混んでいたからおじさんも可哀想だし」

奥さんが急かした。彼女は僕以上にこういうお金の交渉事が嫌いだ。折角の旅でざらついた気分になるぐらいなら、多少ボラれても仕方ないという主義だ。我が家の金庫番としては、一矢報いたい気持ちもあったが、諦めて七〇ディルハムを支払った。

時計を見たら一八時五〇分を過ぎていた。発車は一九時五分だからぎりぎり間に合ったと安堵したが、駅の案内板を見たら出発は一九時と表示されていた。ぎりぎりどころか、超ぎりぎりではないか。変更になったのかなと思ったが、改めて切符を確認するとちゃんと一九時と書いてあった。どういうわけか、時間を間違えて思い込んでいたらしい。いやはや、我ながらいい加減だなあと呆れ果てた。モロッコ人の適当ぶりを散々笑っていたが、自分たちのことを棚に上げていたのだった。

列車は途中でなぜか長時間停車して動かなくなったりしたが、なんとか予定より一五分遅れでカサブランカへ到着した。夜行便の寝台車だったが、車内での盗難被害が多いと聞いていたので、僕一人は最後まで寝ないで起きていた。車窓にはひたすら真っ暗闇が流れるのみで、暇なので日記を綴って過ごした。

カサブランカの駅から空港までは、再びタクシーを拾うつもりだった。いささか警戒しながら駅の改札を出ると、すぐに客引きの男たちにわっと囲まれた。男たちは殺気立っていて、我先にと僕たちの荷物を奪

おうとした。獲物を見つけた飢えた野生動物のようで、怖気《おぞけ》に襲われた。深夜遅い時間帯に、見知らぬ街で見知らぬ男たちに囲まれるのは、穏やかな気持ちになれるシチュエーションではない。

「空港までいくらですか？」一番初めに目が合った男に僕は訊いた。

「三〇〇ディルハム」という答えが返ってきた。相場はよく知らない。とっととこの場を切り抜けたかったし、まあいいかと決めようとした刹那だった。

「二五〇ディルハムで行くよ」

別の男が横から嘴《くちばし》を挟《さしはさ》んだのだ。五〇も安いならと、彼の車に乗ることにした。ところが駐車場へ向かって歩いて行くと、予期せぬハプニングが起こった。

最初に三〇〇と言った男が追いかけてきて、二五〇を提示した男に猛然と抗議の声を上げたのだ。抗議といっても、ほとんど怒り狂っているような恐ろしい剣幕だ。現地の言葉なので、何を言っているかは不明だが、恐らく「俺の客だぞ。横取りするな」みたいな感じだろうか。なんだか悪い気がしたが、僕たちのせいではない。

無視してさっさと立ち去ればよいものを、突っかかられた二五〇の方の男も黙っていなかった。さっと踵を返すと三〇〇の男に近づき、負けないぐらいの剣幕で応酬し始めたのだ。目には目をのイスラム教である。売られた喧嘩は買わずにはいられないのか。それはもう口喧嘩の域を超えているように僕には見えた。お互い今にも殴り合いに発展しそうな険悪な空気が漂い始めたのだ。

僕たちはただ茫然と立ち尽くすことしかできない。そのうち、見かねたほかの運転手がやって来て二人を取りなし始めた。まあまあ、そうカッカしないで。誰かが諭さないと、エンドレスでいつまでも続きそうな危うさを帯びてきていた。

仲介者の説得のかいもあって、なんとか流血の事態は免れ、運転手は僕たちの元へ戻ってきた。無言で荷物をトランクに積み、運転席へ乗り込んだ。僕たちは黙って後部座席に収まる。エンジンをかけ車を発進させ、駅の駐車場を出る――。

――なぜかここでブレーキ。ん？　どうしたのだろう。運転手は車を停めながら、今出てきた駐車場の方に視線を走らせている。

嫌な予感がした。

アクセルを踏んだかと思うと、ぐるっとUターンし始めた。そのまま駐車場へトンボ返りする。車が目指す先には――いた。あの三〇〇ディルハムの男だった。僕たちが乗った二五〇ディルハムの車に向かい、男は依然として罵倒の言葉を浴びせ続けている。三〇〇男の目の前で車を停め、二五〇運転手は勢いよくドアを開けて外へ飛び出す。

バトル再開――。まだ熱が冷めてはいなかったのだ。一触即発な状況が再現され、またドライバーたちが集まってきた。お前らいい加減にしろ、もういいだろう。そんな感じの野次が飛び交う。

「どうする？　ほかの車を当たった方がいいかもよ」

「うーん。でも僕たちが降りたら、さらに火種になりそうだしなあ」

別に二人のどちらにも義理はない。こっちは飛行機の出発が控えている。でも、成り行きに身を委ねることしかできないでいた。

これ以上は待てない……と匙を投げようかという段になって、ようやく運転手が車に乗り込んできた。改めて駐車場を出る。良かった。今度は後ろを振り返らずに、車を走らせ始めた。決着はついたのだろうか。

深夜だからか、道は空いていた。幹線道路に入ると、運転手はぐんぐんスピードを上げていく。ちらりとメーターを見遣ると、時速一四〇キロは出ているのに、まだまだ加速していく。頼むから怒りをぶつけないで欲しい。

マラケシュに住んでいる、お世話になった日本人女性がこんなことを言っていた。

「ラマダン中はみんな殺気立っていて、タクシーに乗ったら死ぬかと思いましたよ」

イスラムの断食月として知られるラマダンでは、空腹へ対する苛立ちから、ただでさえ荒い運転がさらに荒くなるのだという。なるほど、そうだろうなあと、今ならしみじみ実感できる。想像するだけで身が縮み上がりそうだけれど。

走り屋も真っ青な暴走のおかげで、出発するのにだいぶ手間取ってしまった割にはあっという間に空港へ到着した。二五〇ディルハムを払い、車を降りる。

「ボンボヤージュ」

運転手はそう言って、ニッコリ笑って見送ってくれた。なんだなんだ。実は結構いいやつじゃないか。爆走したことで、少しはスカッとしたのかもしれない。ボンボヤージュか、いい言葉だなあ。

チェックインを済ませ、出国審査と手荷物検査を抜けると、夜中の空港は、免税店のシャッターもほとんど閉まっていた。搭乗待ちの乗客たちは、おしなべて皆眠そうだ。僕たちも座席を三つずつ占領して休むことにした。

帰るだけなのに、かなり色々あった。けれど、今度こそモロッコの旅も終わりだろうなあ。ゴロンと横になりながら、僕は感慨に浸っていた。

向かいの座席では、同じように奥さんが横になって、ジャケットを毛布代わりにしている……あれ？　僕は自分の目を疑った。彼女の座席の下に……猫がいる！

幻でも見ているのかと訝《いぶか》った。なんで空港の、それも搭乗口の真ん前に猫がいるのか。ていうか、本当に猫？　いや、どう見ても猫だ。あっ、しかももう一匹いる！

猫好きの奥さんに教えると、パッと表情が輝いた。この世で最も楽しい瞬間に出くわしたかのような満面の笑みを浮かべ、「一匹いるということは、一〇匹ぐらいはいそうだよね」と目を細めている。モロッコ人は猫好きが多いのだとはこの旅で感じていたが、国際空港の中にまで猫がいて、平気な顔をしているなんてどうかしているぞ。

カメラを取り出し、猫の写真を何枚も撮った。自分の中のちっぽけな価値観や常識が、次々と崩されていく快感。これだから旅はやめられない。奥さんはケラケラ笑いながら、猫にちょっかいを出し続けていた。妙に人懐っこい猫たちだった。

60

おわりに〜人の旅見て我が旅直さず

我ながら、アホだなあと改めて呆れる。失敗だらけの旅人生なのであった。

書き始めてみると、次から次へとエピソードが思い浮かんできたのだ。自分がいかにマヌケな旅行者であるかを痛感させられた。本書を通読して頂いた方ならお気づきかもしれないが、紹介した失敗エピソードの大半を占めるものは、僕自身に原因があるものなのだ。すなわち、自分自身の不注意や選択ミスによるものである。

失敗にも色々と種類がある。中には不可抗力だったり、不運から生じるものもあるだろう。気をつけていても防げない失敗は仕方がない。一方で、自分自身に原因があるとなれば言い逃れできないし、やり方次第では確実に防げたと反省の念を強くする。

しかし自己弁護するわけではないが、そういう失敗体験こそ、記憶に色濃く残るものだと改めて感じたのも事実であった。単に楽しかった、美味しかったという良い思い出よりも、あの時バカなことしたなあ……という回想の方が後々まで末永く残るのだ。これは一面の真実であろう。

旅に失敗はつきものである。どんなに旅慣れた人だって過信は禁物だし、そもそもスマートな旅が必ずしもベターなわけでもない。手痛い体験を良き思い出として消化し、次の旅へ繋げていく。失敗を重ね、旅人は成長していくのだ。

なんて偉そうなことを書きつつも、僕自身はやはりあまり成長していないかもしれない。本書を執筆するにあたって、記憶の限り過去の旅まで遡《さかのぼ》ってはみたものの、できる限り近年の、最新エピソードを中心にまとめるようには心掛けた。つまり、いまだに愚かな旅人を演じているというわけだ。

お馬鹿な話も多く恐縮だが、ある意味での反面教師として、少しでも参考になると嬉しい。もちろん、自分の旅のやり方を誰かに強要するつもりは毛頭ない。いつも書いていることの繰り返しになるが、旅には絶対的な正解はないのだから。

さすがに失敗話だけなのも逆に不安を助長しかねないから、多少は前向きな提言も織り交ぜるようにしてみた。僕自身のこれまでの旅を通して得た教訓のようなもので、いささか小賢しいことも書いてはいるものの、基本的には鼻で笑い飛ばして頂ければと願うのである。こうした方がいい、ああしなきゃ駄目だと自分の考えを押しつけるのは、著者として本意ではない。

「人の振り見て我が振り直せ」という言葉があるけれど、「人の旅見て我が旅直さず」でも良いのではないだろうか、なんてことを思ったりもするのである。

色々と痛い目に遭ったりしつつも、旅への情念は萎《しぼ》むどころか、ますます膨らみ続けていて、自分でも困っている。僕は飽きっぽい性格だ。同じことを繰り返していると、マンネリ化して新鮮味がなくなり、やがて興味を失うのが常なのだが、こと海外旅行に関してだけは全く飽きる気配がない。

それはひとえに、海外旅行はルーティーンではないからだろう。全く同じ場所を同じように旅しても、その都度違った驚きや発見がある。不用意な失敗や、恥ずかしい失態を演じたりもするけれど、それこそが旅の醍醐味だという気持ちが、本書を書き進めるうちに確信に変わった。

もちろん、失敗しないにこしたことはなく、楽しむことそのものにより没頭できればとは考えるが、仮に失敗したからといって、旅がつまらなくなるかと言うと決してそんなことはない。大胆かつ怯まずに臨みたい。

つまるところの結論としては、これからも懲りずに旅を続けていくだろう、ということである。転んでも、転んでも、きっとずっと――。

最後に、担当編集である永島賞二さんにお礼申し上げます。旅人目線での的確なアドバイスに支えられ、無事書き上げることができました。また、素敵なイラストを描いて頂いた水谷さるころさん、デザイナーの斉藤いづみさんにも感謝します。そして今回も、奥さんこと松岡絵里にありがとうと書いて締め括らせて下さい。

二〇一二年一〇月二四日

そろそろ来年の旅先も決めつつ　吉田友和

吉田友和 よしだともかず

1976年千葉県生まれ。2002年に出発した世界一周新婚旅行が初海外で、旅先から更新していたサイト『世界一周デート』の書籍化でデビュー。妻の松岡絵里とまとめた世界一周旅行ガイド『してみたい！ 世界一周』や、会社員生活の中での海外旅行体験を綴った『仕事が忙しいあなたのための週末海外！』が反響を呼び、以来旅関連の執筆活動を続けている。これまでに約80ヶ国を訪問し、現在もほぼ毎月海外へ出かけている。近刊は『スマートフォン時代のインテリジェント旅行術』『自分を探さない旅』『LCCで行く！ アジア新自由旅行』など。

転んでも海外！

心から満足して帰国するための旅極意60

デザイン　斉藤いづみ［rhyme inc.］

イラスト　水谷さるころ

2012年11月10日　第1刷発行

著　者　吉田友和

発行者　見城 徹

発行所　株式会社 幻冬舎
〒151-0051 東京都渋谷区千駄ヶ谷4-9-7

電話　03（5411）6211（編集）
03（5411）6222（営業）
振替　00120-8-767643

印刷・製本所　図書印刷株式会社

検印廃止

Printed in Japan
ISBN978-4-344-02279-9　C0095
幻冬舎ホームページアドレス　http://www.gentosha.co.jp/

この本に関するご意見・ご感想をメールでお寄せいただく場合は、
comment@gentosha.co.jp まで。